佐川幸義伝
大東流合気剣術

佐川伝大東流合気武道
高橋 賢

剣を知らなければ、合気はわからない。

BAB JAPAN

前書き

本書のテーマは「剣」です。

大東流でなぜ「剣」?という違和感を覚える方は少なくないでしょう。それほど、大東流合気柔術の理の元が「剣」にあることは余り知られていません。

「剣」の理を心得ねば、大東流合気柔術の体得も難しいと思われます。その位に、大東流にとって剣は重要な存在なのです。

大東流には、合気柔術の起源が「剣」にあるというのみならず、剣術そのもの「大東流合気剣術」という技法体系が、きちんと伝承されていました。このことは知らない方も多いでしょう。大東流における「剣」の存在、そしてその伝承は、大いなる謎となっていました。

本書は、「月刊秘伝」誌(2005年6月号)に掲載された特集「大東流合気剣術の謎と真相」に、佐川先生編の「大東流合気剣術」並びに、その別伝「合気甲源一刀流剣術」などのご紹介の、大幅な加筆を行って、一冊の本にまとめたものです。

古い文献、資料などを元に、大東流合気剣術の真相に近づくものに出来たのではないかと思っております。

これには、何よりも佐川幸義先生からの実際の多くの教えを頂けたことが、一番の力となっております。更には、先生が残された秘伝書、多岐に渡るノートに依るところが大きい力となっております。佐川先生は大東流の技法について、詳細にかつ多岐にわたって記録を残しておられました。そもそも大東流は武田惣角先師によって、ある意味「気まぐれ」に、「体系的でなく」、「散漫なかたち」で教伝されたという説がもっぱらでした。それが誤りである事は、佐川先生の記録によればたちまちに、了解出来ます。武田先師から佐川先生が受けた講習を記録したノートには、入門の段階では、一ヶ条～五ヶ条までの、基本体系の技法が驚くほど体系的に教授されていたことが分かります。

現在私の元には、直接佐川先生から頂いた伝書類のみならず、佐川先生のご子息、合気司家の佐川敬行《よしゆき》様より、先生没後、曜日を分担して佐川道場を守った、田口、内野、相沢、矢島、木村の各師範、そして私に、道場を守ったという事を感謝して下さり、先生の貴重な伝書十数冊をカラーコピーして原本の如く製本した、非常に貴重な秘伝書を拝領しております。

このような貴重な秘伝書を、死蔵してしまい、その存在さえ知られずに、日の目を見ること無く埋没させてしまっては、折角の御好意を無にする事になると思っておりました。幸いにも、大東流合気剣術のご紹介を兼ねた、本書出版の有り難い提案を頂きました。この機会に、武田先師から伝来し、佐川先生が深く広く研究された偉大な業績の一端など、秘伝に深く触れない範囲で、ご紹介申し上げたいと思っております。

佐川先生は非常に深く広く、武田先師伝来の大東流合気武術を研究されておられました。また門人の修練についても、より学びやすく、体得しやすい工夫をされていました。

例えば合気剣術においては、二元の段階での教授でしたが、基礎の歩法、剣の基礎操法、打撃力の増強などまで、基礎の部分から練習法に工夫をこらされてました。その上で、武田先師の合気剣術の基本技を選抜して、27本の剣術基本を伝授されました。

合気柔術においては、最初の一元の段階では、合気の修練のみならず、手解《てほどき》、体捌当技《たいさばきあてわざ》（当身技）、腰《こし》の修練《しゅうれん》（腰を使う投げ技）、足《あし》の修練《しゅうれん》（足を使う投げ技）を加えて、総合的に身体能力が、増強するように配慮しておられました。

大東流合気剣術の上級技法としては、六元の講習で初伝二十ヶ条、八元の講習で中伝二十ヶ条を伝授されましたが、その上に、合気剣術秘伝100本、合気剣術極秘伝100本、合気二刀術64本（これは、武田先師の合気二刀8本の教えを深化させたもの）残念ながら、合気剣術秘伝以上は、学べた人がいません。合気二刀については、内野、木村、私の十元講習の時に、やっと、入門程度を習えただけでした。

佐川先生の秘伝書の一冊には、「揉合組討《もみあいくみうち》」という項目があり、それは、柔道、相撲に対する技法でした。この中には、沈身、浮身、乗身という項目があり、投げられつつ、反対に敵を投げる捨身《すてみ》系の技法で昔少し教えたが、修得した人がなかった、と言われました。この初歩の捨身は、武田先師の秘伝奥儀の1回目の時に出たが巴投の如き真捨身技であった。それを研究発展させたものとお聞きしました。

佐川先生の教伝体系の基本は一元から十元までありましたが、内野、木村、高橋の三人で順次受講しましたが、八元、九元、十元と進むとそれまでの合気柔術技法とは趣きが全く異なり、想像を遥かに超えるものでした。このように先生の技法体系は、我々が想像出来ないくらい、広く深い視野で研究されておられました。

２０２４年３月

佐川伝大東流合気武道　高橋　賢

目次

第四節 武田先師の大東流合気剣術とは？――37

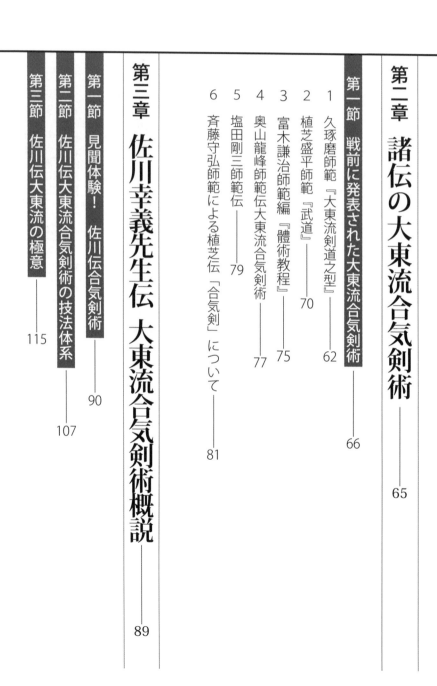

第一章

大東流合気剣術の歴史的考察

「大東流は天才だった武田先生が作ったんだよ」

（佐川幸義先生談）

大東流合気柔術中興の祖といわれる武田惣角、若き日の肖像。

この度の文章は、伝説と誤解の多い大東流合気柔術の極意とも見なされる、合気剣術について、警鐘の意味を込めて、歴史的に技法的に考察するものである。

しかしその前提として、大東流合気柔術の歴史的問題点にまず触れておかねばならない。

第一節　大東流合気剣術の歴史に対する三つの説

1　大東流の伝承を説く三説

大東流合気柔術の歴史に関しては、公刊された書の中に、年代順に三つの説がある。第一は武田惣角先師の説、第二が武田時宗《ときむね》師範の説、第三は鶴山晃瑞《こうずい》師範の説である。

順次、参考文献を明らかにしながら検討していく。大東流の伝承が増幅していく様がよく分かる（本書においては原文を紹介することはしないが、興味のある方は調べてみてほしい）。

①第一の武田惣角先師が直接語られた説は、戦前の昭和11年（1936）に久琢磨《ひさたくま》師範が著した『大東流合気武道秘傳』に簡潔に纏まっている。

②第二の武田時宗師範の説としては、昭和55年（1980）2月18日に開催された第三回全日本古武道演武大会に大東流宗家として出場された時宗師範が、大会プログラムに発表された「大東流の由来」が簡潔である。

ここで第一と第二の記述内容は少々相違する。前者は、大東流を武田家の遠祖・新羅《しんら》三郎源義光《みなもとよしみつ》が創始し、武田家伝来のものとする「大東流武田家家伝説」だが、後者は会津藩祖・保科《ほしな》正之が武田家伝大東流を殿中武芸（御式内《おしきうち》）に改定し、歴代会津藩主が継承し、武田惣角先師がそれを併せたとする、「大東流・御式内合併説」と言うべきであろうか。

③第三が鶴山晃瑞師範の説である。鶴山氏は、前二者と大いに異なる「大東流三大技法会津藩校日新館編纂説」を、その著『図解コーチ護身杖道』（成美堂出版　昭和58年）で発表し、「日本伝合気柔術」を創立された。

『大東流合気武道秘傳』「大東流合気柔術略傳」(一部)

大東流合氣柔術略傳

大東流は、淸和天皇第六皇子貞純親王より始まり、代々源氏家に傳はり、新羅三郎義光に至り、從來の家傳の術に加ふるに、更に一段の工夫をこらし、當時戰役にて戰死したる兵卒の死體を解剖して、其の骨格の研究を爲し柔術極め手の學理的研究をなすとともに、女郎蜘蛛の網の上にて、獲物と戰闘し遂に雁字搦みに搦め取る手練を、目擊して暗示を受け、合氣の眞理を發見し、合氣柔術の極意を極めた、これより新羅三郎義光は此の大東流合氣柔術の始祖として尊敬されるに至つた。爾來代々武田家に傳はり、武田義淸―武田信義―武田信光―武田信滿―武田國繼―武田内匠守と傳はり、現在の武田惣角源正義先生に傳はつたものである。

而して此の柔術はさきに述べた柔術諸流の内何れの系統に屬するか全く不明であるが、淸和天皇時代から傳はり、門外不出として會津藩に傳はつたと云ふ年代流史等から判斷するに、恐らく日本最初の柔術にあらざるかと信ず。隨つて其の術は他の流派と異なり、全く戰闘的であつて、一度觸るれば肉を裂き骨を折り、全く必殺的で輕るく押へても、手を極め背を極め、四肢身體全部を一時に極め捕縛者の思ふ儘になり、然も一人對一人の技に非ずして、一人對數人の妙技を持つ全く超戰闘的の實用柔術である。

一五

由来

宗家 武田時宗
〒093 北海道網走市緑町一－七
ＴＥＬ網走(四)七四二九

大東流合気柔術は、清和天皇末孫新羅三郎源義光を始祖とし、甲斐武田家に伝承され、武田信玄他界に依り、武田土佐国次、天正二年弥生二日に会津当着、会津御池の地頭として国司芦名盛氏に仕え、子孫御池に定住、大東流を継承した。

徳川家康の孫、幼名幸松丸は武田信玄の女武田見性院に養育され、高遠城主保科正光の養子保科正之と改め、後、会津藩祖となり、大東流を殿中護身武芸(御式内)に改定し、四代将軍家綱の補佐役として、江戸城で大政輔弼の任二十三年、さらに老中重臣奥勤者に御式内を指導した格式の高い武芸であった。

この御式内は保科正之以来、歴代会津藩主が継承し、明治に至る。

武田国次の末孫武田惣吉は、会津力士界の大関で力手組(後砲兵)長として戊辰の役に奮戦活躍した。惣吉次男武田惣角は明治初年頃、会津藩家老西郷頼母改め保科近悳より、歴代会津藩主継承の御式内の秘奥を氏の説は、幕末期に「公武合体」政策に対応する武芸として、日新館において大東流三大技法なるものが完成したとする。この柔術・合気柔術・合気之術からなる体系は会津藩士の各階級やそれに対応する年齢に合わせて技法内容が分かれるもので、鶴山氏は各技法の細かい本数まで明記されている。

この全伝を継承したのが、西郷頼母《たのも》（会津藩元家老）であり、西郷から武田惣角先師、久琢磨師範へと伝承され、それを鶴山氏のみが唯一継承し、日本伝合気柔術としたとの主張である。

2　戦国以前の武将が求めるモノ

上述の三説の重要な問題点について極く簡単に述べよう。

○大東流を平安時代に新羅三郎が創始したというのはあり得ない。

○甲斐武田家が大東流合気武術を伝承した事はあり得ない。

武術の流派が成立したのは、せいぜい早くて戦国時代末期であり、多くは江戸時代に始まるのは武術史の常識である。大東流が平安時代の源氏の武将、新羅三郎源義光に始まる柔術を中心にした流派であるという伝承と、それを甲斐武田家が伝承したという事は、まず、武術史の常識に外れていてあり得ない。

また、大東流の技術的内容と平安時代、戦国時代の戦闘法とを比較すれば、あり得ない事はさらに明白である。

即ち、大東流合気柔術の一ヶ条、二ヶ条、三ヶ条、四ヶ条の各逆極技、小手返、四方投などのよく知られる代表的基礎技法を見れば、明らかに日常の平服の状態での格闘技法である。こういう柔術を「素肌柔術」と呼ぶが、これに対して、戦国末期から江戸初期に興った竹内流、起倒流、関口流などの諸流には、必ず甲冑で武装した状態での格闘技術が含まれる。そういう柔術を「介者柔術」と呼ぶ。

江戸時代の剣術稽古に使用された竹具足

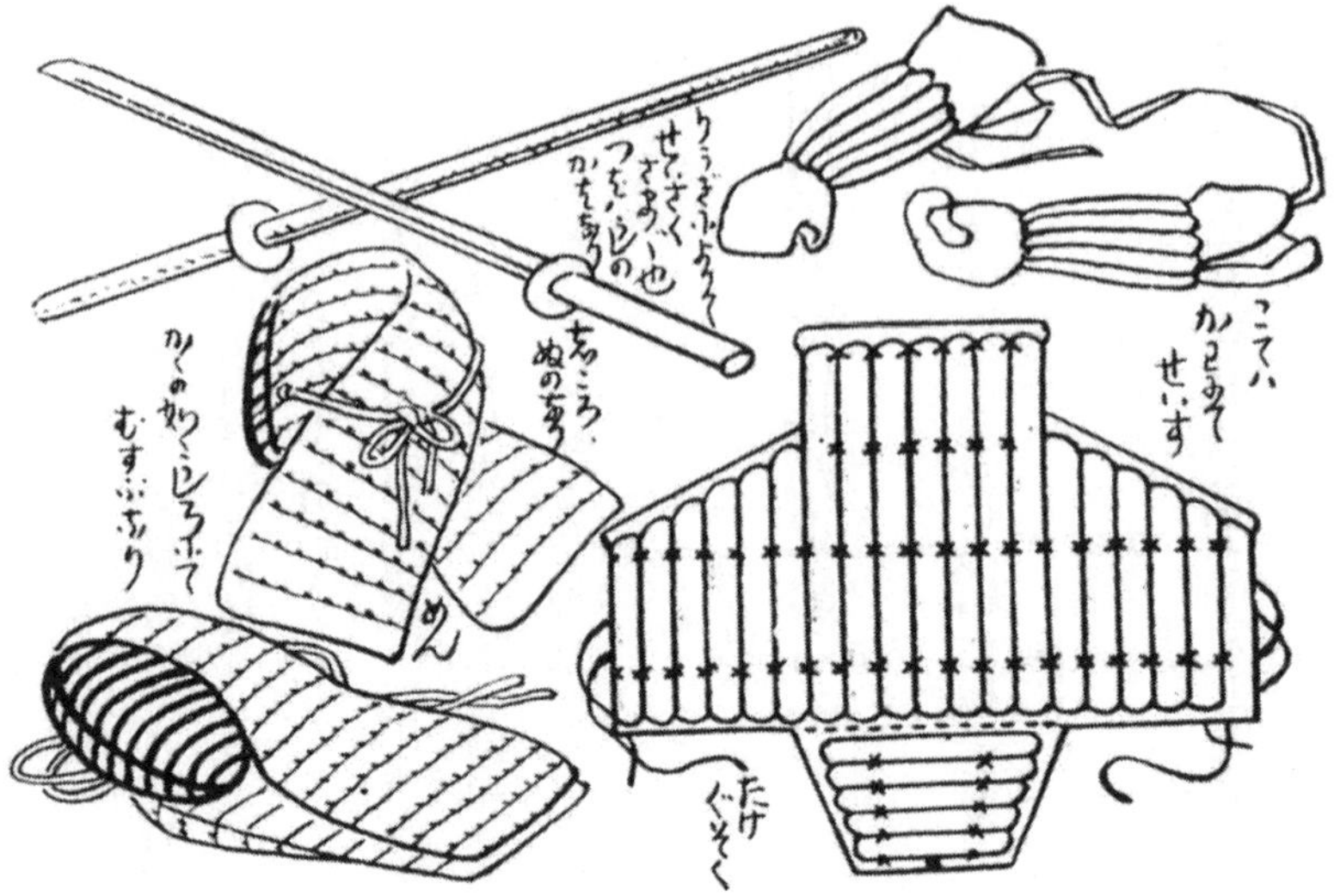

例えば、剣道の防具の籠手をつけた相手に、大東流の代表的基本技法を掛ける実験をしてみると良い。籠手を付けただけで、これらの技法はほとんど掛けられないのが納得できるだろう。

甲冑の籠手と剣道具の籠手は構造が少し違うが、剣道の防具も元は「竹具足」と呼ぶ、竹を編んで甲冑を模したものから始まっており、基本的な部分で構造は似ている。籠手のみならず、籠手面胴を敵と我との両者が着けて、甲冑着装に近づけば、さらに施技は困難となり、大東流が素肌柔術である事を実感できるであろう。

次頁図は源義光の父頼義と兄義家が活躍した『前九年合戦絵巻』の一部であるが、騎馬の武将と兜を付けた武士が弓を射る所、身分の低い兵卒が剣を抜いて斬り込みに掛かる所が描かれている。この様に、甲冑を着用し、騎馬で弓矢を射る事が戦闘の中心であった時代の武将である義光が、素肌柔術である現在の様な大東流柔術を研究し、創始したという点に必然性がなく無理がある。

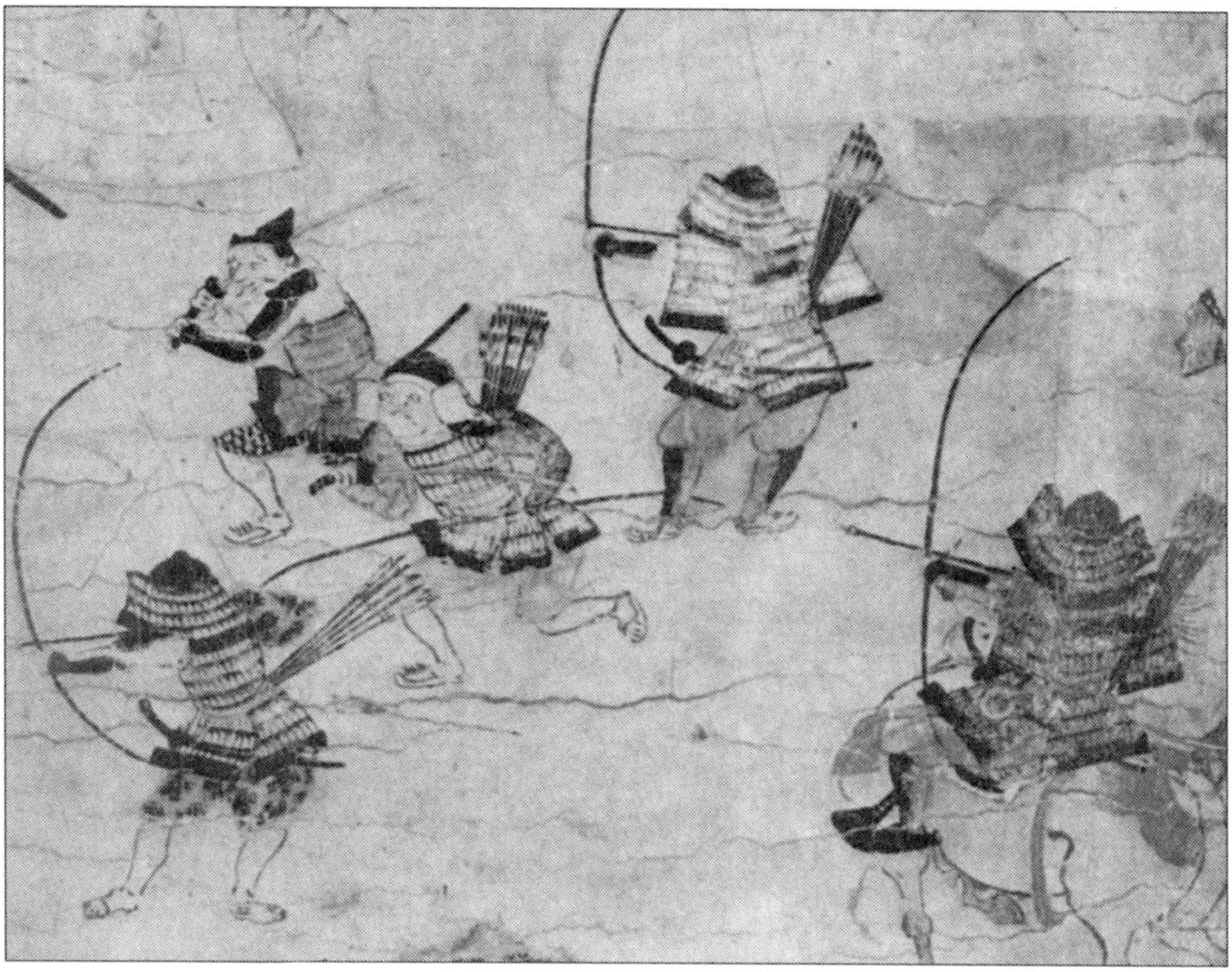

前九年合戦絵巻に描かれた当時の戦闘の様子。弓矢を中心とした、甲冑着装の攻防が勝敗を決した

同様に、甲冑は着用していたが、すでに鉄砲も存在した戦国時代の武田氏まで、それを秘密に伝承したという点も大いに無理がある。

勿論、平安時代でも戦国時代でも、接近戦となり、長い武器を、持たずに格闘となる時はあり、その場合には組討が行われた。しかしその場合でも、当然ながら戦場では敵も我も甲冑を着装しているので、必要なのは素肌柔術ではなく、介者柔術であった。

戦争において最も必要な事は、武将のみならず兵卒までを含めた家の子、郎党の軍団の兵力強化増強であり、戦闘の中心にない、武将のみが精妙な格闘術に上達しても、何ら戦略的意義がなく、大東流の様な素肌柔術を秘かに研究し伝承したなどとはあり得ない事である。

3　会津武田家は武士ではなかった

○会津武田家が大東流武術を伝承したというのはあり得ない。

地方御家人名（慶応年中）

大塚　泰助	一ノ関	鈴木　源之丞
伊藤　作助	南町	山口　徳次郎
古川　伝内	一ノ関	柏村　門三郎
遠藤　代吉		以上51人中荒井組
若林　尊五郎		
福田　嘗助		
相田　代次郎	京出	樋口　新蔵
堀田　磐治	御池	高橋　直八
山浦　定蔵	村田	菊地　角衛
佐藤　千代太郎		平田　清角
皆川　定江		神田　小島
水野　徳蔵		須藤　与八郎
堀田　兵左衛門	塚原	山浦　多治
池田　善右衛門	勝常	金成　治左衛門
杉原　初之助	福原	佐瀬　嘉左衛門
小川　定助	福原	諸橋　又助
深田　忠三郎	坂下	左々木　左衛門
沢田　勇吾		井礼　私助
斎藤　林右衛門		鈴木　鉄蔵
本田　勇	羽林	長尾　覚太夫
篠田　左忠		二瓶　周蔵

『会津藩諸士系譜』より幕末の会津藩地方御家人名簿。坂下組29名の中に武田姓は見当たらない。

この問題は、江戸時代の士農工商の身分制の観点から見れば全くあり得ない事である。

会津武田家は、甲斐武田家の一族である武田土佐国継が戦国末期の天正二年（1574）に会津に到着して、会津坂下《ばんげ》町御池田に土着した甲斐武田家の末裔とされる。では、江戸時代の身分はどうであったか。

武田先師の父君、武田惣吉は「白糸」という四股名《しこな》の職業力士であったという。職業力士は武士ではない。

会津藩には地方御家人《ちかたごけにん》という半農半士の郷士身分があった。『会津藩諸士系譜』〈平成13年、芳賀幸雄編、歴史春秋社〉に幕末慶応年中の地方御家人坂下組29名が収載されている。その中に御池の人として「高橋直八」という名があるが、武田家の当主である武田惣吉の名はない。

すなわち、武田家は武士でもなく、郷士でもなく、農民であった。

会津藩は、万治年間（1658〜1660）と正徳二年（1711）に、農民が武技を演習する事を禁ずる発令をした。この禁令を犯して、厳格で確定した江戸時代の身分制の中、農民である武田家が、身分的にも経済的にも何の特典もなく、代々秘かに大東流武術を伝承できたなどとは、とてもあり得ない事である。

また、開放的な日本の農村地帯で、近所の家に知られずに、江戸時代ざっと二百五十年もの間、秘かに武技を伝承するなど不可能である。また、長い年月の間には、嫁入り婿取りの婚姻も行われて、他家との交流もあったわけである。特別な階級でもない武田家一家で、秘密の武技を伝承するなど考えられない。

そもそも、会津若松から、越後への街道の二つ目の宿場である「坂下」に住まいする武田家が、会津若松の鶴ヶ城の奥深く、秘かに伝えられたという大東流を、どのように指南したのであろうか。

会津藩においては、主要な武士は会津若松の城下に住まいしていた。さらに、他藩他流の例であるが、薩摩藩のお家流と見なされる、上級武士に伝承された示現流剣術の師範家・東郷家は、鹿児島市内に役宅が与えられていた。他藩に照らすまでもなく、会津藩上級武士の学校、日新館の文武の師範は、藩士であれば若松市内に居住していたし、日新館付属の師範宅もあった。

もし事実、武田家が大東流を会津の城内深く秘かに伝えていたのであれば、武田家は武術師範として、身分も武士となり、当然、会津若松市内に住居があってしかるべきであった。

○保科正之が江戸城中で「御式内」を研究した事はあり得ない。

「会津藩祖保科正之が、殿中護身術である『御式内』を研究工夫し、江戸城中で　御式内を指導した。この『御式内』が大東流の源流の一つである」という話は、常識で考えれば、全く考えられない話である。

保科正之は、三代将軍徳川家光の庶弟（腹違いの弟）であった。しかし、兄家光の信任篤く、ついには大老として江戸幕府の政権の中枢を担い、二十数年間ほとんど領地の会津に帰らずに、旗本御家人の幕臣に十重二十重に厳重に警護された江戸城中で政務をとっていた。

この安全な江戸城中で執務する保科正之が、殿中護身術の必要を感じる事がとても不自然である。工夫研究して、老中重臣奥勤者の武士に指導したということは、さらにあり得ない事である。

この保科正之の話を、現代に置き換えて見れば、どうだろう。即ち、政務で多忙な内閣総理大臣が、警察SPをはじめとして厳重に警備された首相官邸内で、護身術の必要を感じて研究工夫し、自分の護衛であるSPに自ら研究工夫した護身術を指導する事に相当するわけである。このように現代に置き換えてみれば、その不可解さは明瞭になろう。

さらに、老中は他家の大名であり、重臣、奥勤者は、江戸幕府の旗本である。これらに教えてしまっては、江戸時代に会津藩外不出の秘技であったという大東流のキャッチフレーズにも矛盾する事になり、重ねて、あり得ない話となる。

保科が「御式内」を研究した事の裏付けとなる歴史資料は、勿論一切無い。

4 日新館は大東流と関わりあるのか

○武田惣角先師が西郷頼母（保科近悳《ちかのり》）より大東流合気武術（武術としての御式内）を伝授されたとは考えられない。

この点について、武田時宗師範の弟子である近藤勝之氏も、近年は軌道を修正され始めているようだ。

「西郷頼母は会津藩の最後の家老で有名な方です。頼母は宮司をされていましたから、惣角先生はいろいろご指導を受けたのだと思います。礼儀作法、殿中におけるマナー、殿中における技だとかね。そういう会津藩にあったものが御式内として教授されたのだと思います」と『改訂版　武田惣角と大東流合気柔術』（平成14年、合気ニュース）にある。

即ち、武田時宗師範説では殿中の護身術であったはずの御式内が、御殿の作法だったと変化している。

なお、「御式内」という言葉は、武田先師が西郷頼母と会見した折りに、会津藩に、藩主と接見できる高い身分を現す「御敷居内《おしきいうち》」という言葉がある事を聞いて、それが「おしきうち」となまり、「御式内」という字が当てられ、大東流合気柔術の別称の意味を付与された可能性はある。

○「大東流三大技法会津藩校日新館編纂説」は歴史事実に合致せず、全く考えられない。

会津藩主九代・松平容保《かたもり》は、先代以来、会津藩の財政が逼迫《ひっぱく》しているにも関わらず、さらに経済的、人的負担の大きい京都守護職を引き受けた。西郷頼母は藩主に守護職辞退を迫ったため不興をかい、謹慎を命ぜられて、会津戊辰戦争直前まで若松郊外に蟄居《ちっきょ》させられた。

謹慎を解かれた西郷頼母は、内政、外交、軍事の多方面にわたり多忙を極めていて、主張されるような「公武合体」に合わせて編纂されたという膨大な量の技法を学ぶ寸時もなかった。

この西郷頼母が伝承できなかったという一事をもってしても、この説は成り立たない。

さらにまた、武田時宗師範が戦後、新たに編纂された百十八ヶ条の形、所謂「大東館百十八ヶ条の形」を、鶴山氏は武田時宗師範から教授を受けているが、その形ほぼそのままを、日新館編纂大東流三大技法の「地之巻」柔術の形としている。次頁写真Aは大東館大東流合気柔術初伝百十八ヶ条、写真Bは鶴山伝百十八ヶ条の伝書である。明らかに大東館の文章によって鶴山伝が成立している。

この一事を以てしても、鶴山氏が著書で展開した説に信は置けない。

鶴山氏が提出した「大東流三大技法日新館編纂説」は『会津藩教育考』、『日新館誌』、『会津剣道史』などの会津藩武道史研究の基礎文献の記述を否定してほとんど採用していない。しかし、『日新館誌』をはじめ、『家世実記』等の藩主教育のために纏められた藩政の内部資料で、対外的には秘密な記事に溢れる極秘史料にも大東流の記述は一切無い。もし大東流が存在

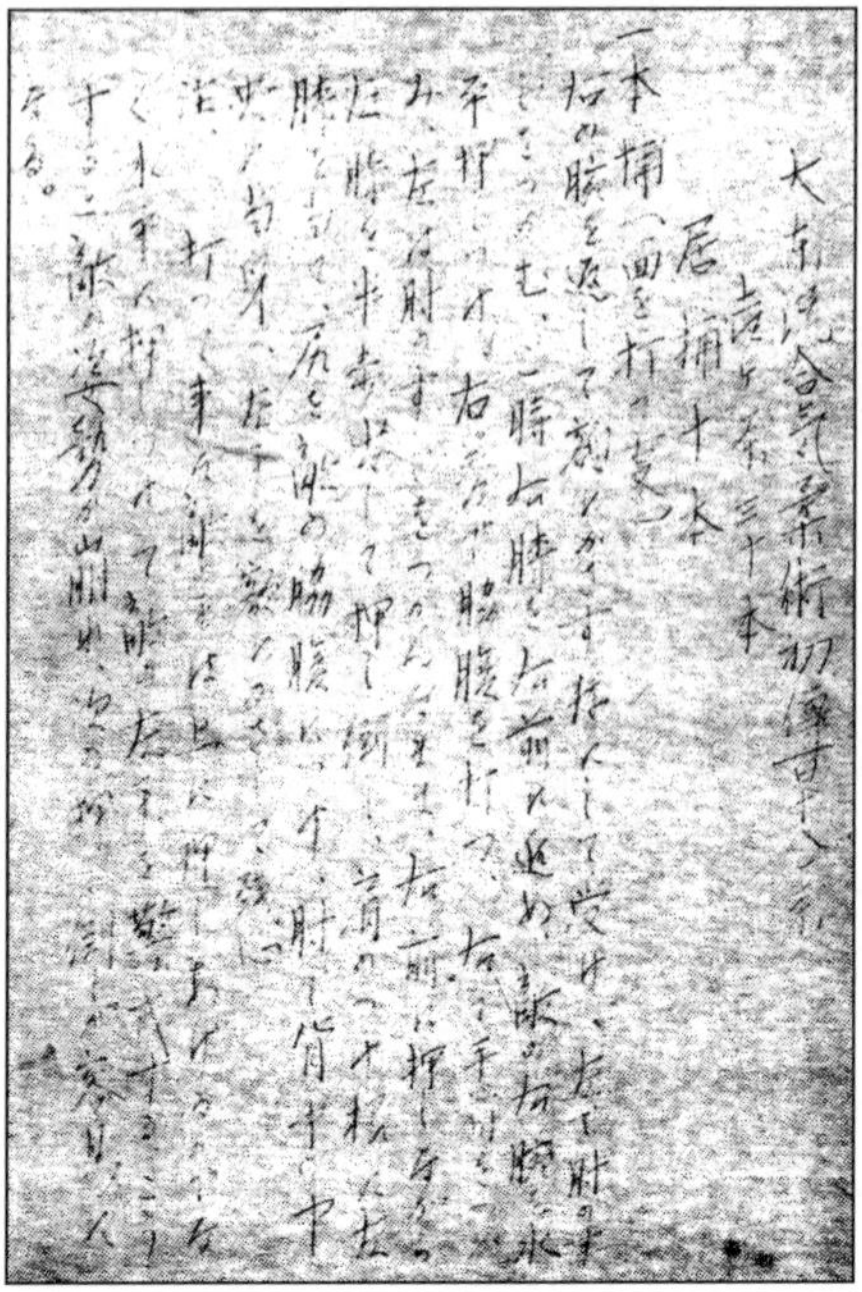
大東流合気柔術初傳百十八ヶ条
壹ヶ条　三十本
居捕十本
一本捕(面を打つ事)

A　大東館「大東流合気柔術初伝百十八ヶ条」の一本目「一本捕」の一部。

第壱ヶ条

居捕十本

一本目　一本捕　(片手正面打)
※　右手ニテ面ヲ打ッ事

1. 敵右手刀で面を打つ、我れ両手でこれを受ける。左手で敵の肘を摑み、左指で筋を極め、すかさず、右拳で脇腹に当身の事。
2. 敵の右手首を、上から我が右手で摑み、同時に左膝を進めながら、左手で摑んでいる、敵の腕関節を右斜め下に押倒す。
3. 我が左膝頭を腕の付根に当て極める。次に我が右膝を腕関節の上に置く、我が尻を敵の背に乗せ風門に当身。
4. 崩しの場合は、左膝を敵の腕の付根に当て、右膝を敵の腕関節の上に置き、我が尻は敵の脇腹に押付ける。
5. 敵の右手首を極め、左手刀で霞打、敵腰を起した時は肘打す。

二本目　逆腕捕　(片手胸取)
※　敵右手にて胸襟ヲ取ル事

B　鶴山伝の柔術居捕十本の一本目「一本捕」解説の一部。

していたら、記録が無いことはあり得ない。

　鶴山氏は、諸派にわたる合気道、大東流をはじめ、神道夢想流杖道、柳生新陰流、柳生心眼流、八卦掌などの修業研究を長く続けてこられた。鶴山氏がその教伝する武術を、日新館編纂と権威づけるより、御自身独自の研究から、編纂したものであると、ありていに主張された方がずっと良かったのではないかと惜しまれる。

5　伝承と検証の狭間で……

○日本武術史にみられる仮託について。

　古流武術では流祖を過去の有名人物に仮託《かたく》する例がある。柔術で言えば、扱心流は日本武尊《やまとたける》を、四心多久間流は伝教大師最澄《さいちょう》を、諸賞流は坂上田村麻呂を、そして楊心流の一派では源義経を、始祖、遠祖、流祖等としている。

　会津藩でも太子流剣術は聖徳太子を始祖とし、新陰待捨《たいしゃ》流剣術は流祖を愛洲移香勝英とする。太子流の場合、会津藩士・望月安勝が八代では系譜が短すぎるし、反対に、新陰待捨流剣術では、第二十代の会津藩士・山内勝善が印可を受けたのが元禄5年（1692）では途中が長過ぎるので明らかに流祖は仮託である。その他、源義家を流祖とする、明らかに仮託の流儀である神道霞流剣術、助国流剣術も行われた。砲術にも幾つか仮託が見られるし、好要流体挫術では流祖を明らかに仮託の明《みん》儒五峯としている。

　このような仮託は、会津藩のみならず日本武術史上でしばしば見られるものである。

　武田先師が大東流の始祖を新羅三郎源義光とし、甲斐武田家から会津武田家に代々伝承し、会津藩門外不出の秘伝武術であったと仮託されたのは、一つには御自身の家系を誇るあまりの事であったであろうし、一つには、古今未曾有の合気を基本とする柔術を創造し、独自の境地に立たれたものの、指導し広める上で権威付けの必要を感じたものであろう。

　武田先師の演武を見、体験すれば、その秘技の不思議さ、見事さは、十分、世人を魅了させずにはおかなかったであろうに。

なお、武田時宗師範の左右の手の写真が記念誌『大東流合気武道』（平成元年）巻頭にある。この写真を見、お体を悪くされてからも、ベッドの鉄枠に向かって示指の根本を鍛えて居られたという話を読んで、大東流に関わる者で、感動しない人は居るまい。

武田時宗師範は、父親である武田先師の大東流を、如何に残し、如何に広めるかに、文字通り一生を捧げられた。また、武田先師の伝承を、歴史的に検証し、それを補訂することにも研究の意を灌《そそ》がれた。

しかし、武田時宗師範の研究された時代は、情報量も格段に少なく、誤った方向に研究結果が向かってしまわれたのもやむを得なかった。

大東流の門人として、祖師武田先師の伝承や武田時宗師範の研究に異を差し挟むのは、心苦しい点もあるが、何時かは真実が明らかになってしまうであろう。それならば、いっそ大東流の門に連なる自分の手で、真実を追究しようと、非才を省みず、研究を続けているが、その一環としてこの小論をなしている。

○大東流は、武田先師が明治三十年頃以降創始された。

恩師　佐川幸義先生が、「大東流は天才だった武田先生が創ったんだよ」とおっしゃるのを、しばしばお聞きしている。

上記の様に、歴史的研究をすればするほど、「大東流は武田惣角先師が創られたに違いない、否、そう考えざるを得ない」というのが現在の私の大東流の起源に対する見解である。さすがに、先生はその慧眼で真実を見抜いて居られたと思われる。

第二節　大東流合気剣術の歴史に対する三つの説

以上を踏まえて、次に、本題の大東流合気剣術について考察を進める。

大東流合気剣術の歴史に関しても、前項同様に、公刊された書中に、年代順に三つの説がある。第一は武田惣角先師の説、第二が武田時宗師範の説、第三は鶴山晃瑞師範の説である。

そこで、前節と同様にその三説の要点を挙げ、簡単なものはその後のカッコ内に注目すべき点を論じ、大きい問題点に関しては「第三節◎会津藩武術史からの検討」と「第四節◎武田先師の大東流合気剣術とは？」に分けて論じ、解明できる事は解明し、残る疑問点は明示したい。

1　武田惣角先師の説

これも、戦前の武田惣角先師の伝承をそのまま記述したと考えられる、久琢磨師範の『大東流合気武道秘傳』の記述の中から、関連する「恩師武田惣角先生略歴」を考察する。

大東流合気剣術関係の要点は次の4点である。

○惣角先師は幼少の頃より剣道を修業した（最初は剣道の修業から始まった）。

○十八歳で既に二刀流の免許皆伝を受けた（誰から学んだのか？）。

○引続き小野派一刀流、直神（原文ママ）影流等の免許をも受けた（誰から学んだのか？）。

○後年、武田家伝来の大東流合気柔術を祖父内匠守惣右門に学び、免許皆伝を受けた（最後に、祖父より大東流合気柔術を学んだという。ここに、西郷頼母の名は出ていないが、武田先師の門人の多くは「保科（西郷頼母）さんから習った」とも聞いているようだ）。

2 武田時宗師範の説

武田時宗師範の説いた説は、近藤勝之師範により先述の『大東流合気武道』に纏めてある。

なお、ここでは少し年代的に不明な所もあるので、これを補うために、武田時宗師範が初めて公刊書に発表されたと思われる「武道春秋」8号（昭和41年）の「武田惣角の思出」後付の「武田惣角年譜」を参考としたが、上文とは小異がある。

以上の考察より、大東流合気剣術関係の要点をまとめると次のようである。

○小野派一刀流と御式内の二流は会津藩主歴代伝承（これは武田時宗師範の新説。第三節で論じる）。

○先師の祖父は陰陽道を修行し、免許を受け武田内匠頭惣右衛門となり、御伊勢宮宮司を勤め、神道、陰陽道、大東流の達人として知られた。各地を巡教し、会津家老西郷頼母にもこれらの秘伝を授けている（大東流は秘密の武道であったとの伝承と、達人として知られたという記述は矛盾する）。

○先師の父惣吉は、若いころ相撲、剣術、捧術（八尺捧）、大東流を修行。武田先師は父からそれらを習った（八尺捧術は珍しい。また、武田先師の門人は、頂いた大東流柔術秘伝目録〔百十八ヶ条〕の系譜の「十余世　武田内匠守称惣右衛門」という表現と共に、祖父から学んだと聞いているようだ。父惣吉より伝承したというのは、武田時宗師範が初めて言われた）。

○明治3年（1870）10歳、坂下《ばんげ》養気館道場の小野派一刀流、渋谷東馬《しぶたにとうま》に入門（また、「惣角若松日新館ニテ武術ノ稽古ニ通ヒ」ともあるが、会津藩は会津戊辰戦争に敗れ、藩校日新館は消滅している。思い違いである）。

○明治6年13歳、父惣吉と親交のあった榊原鍵吉《さかきばらけんきち》を父とともに訪ね、内弟子として直心影流の秘奥を学んだ（これは大いに疑問のある点で、第四節で論じる）。

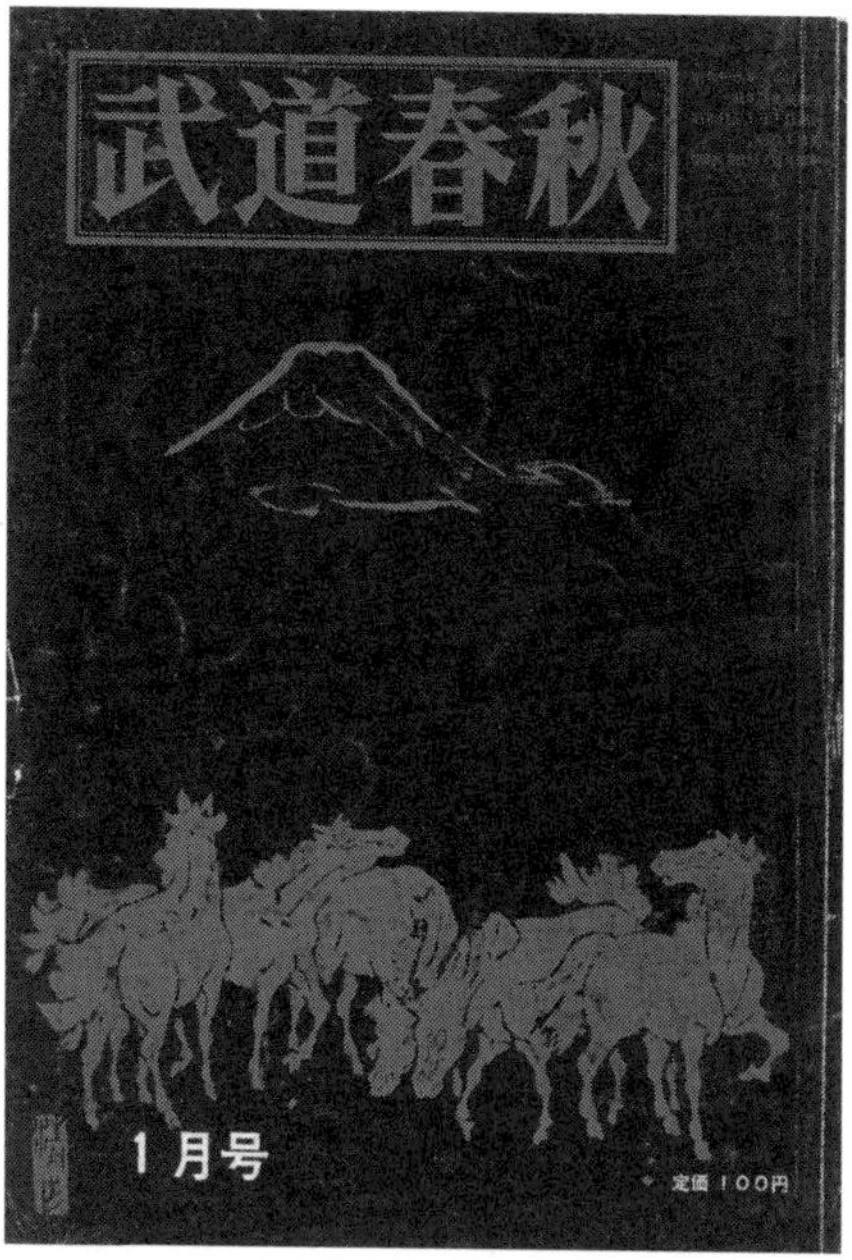

時宗師範がおそらく公刊誌上で初めて大東流のことを語ったものと思われる昭和41年発行の「武道春秋」8号

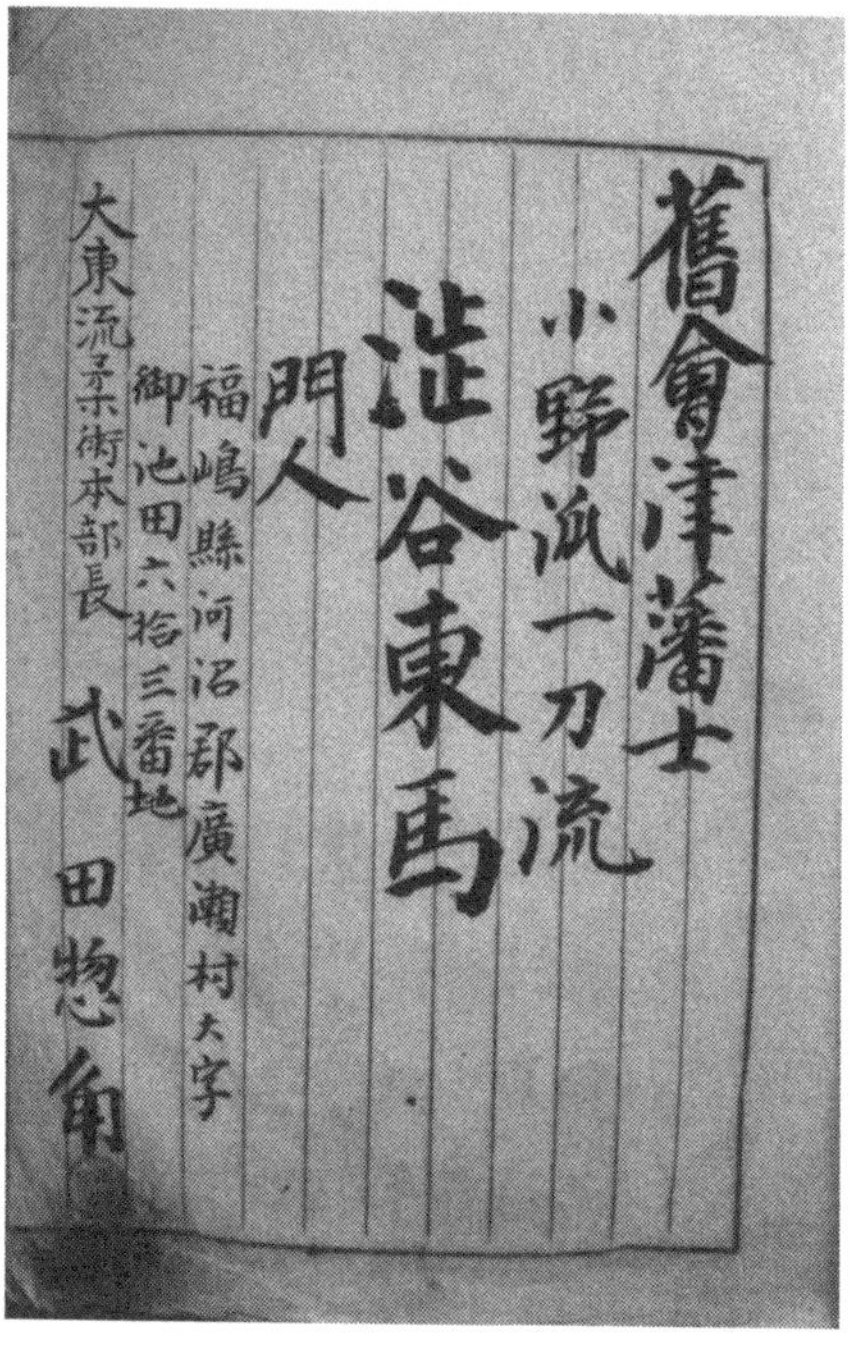
舊會津藩士
小野派一刀流
澁谷東馬
門人
福嶋縣河沼郡廣瀬村大字
御池田六拾三番地
大東流柔術本部長
武田惣角

武田惣角師の英名録の中に残された「小野派一刀流渋谷東馬　門人」の記述（武田正修大東流合気武道宗家所蔵）

○さらに榊原道場で旧幕府時代の講武所の各流派の達人と立ち合い、剣、棒、半弓、杖、手裏剣など武芸十八般の稽古に精進して熟達。槍についても宝蔵院の印可を受けた（榊原道場にいたのは13～15歳までとされている。宝蔵院流の槍術の印可、即ち免許皆伝を得たというのは、いくら天才であっても、期間と年齢から見てあり得ない）。

○明治8年15歳、兄惣勝の病気のため帰郷。

○明治10年17歳、大阪で剣豪・桃井春蔵《もものいしゅんぞう》の客分となる（第四節で論じる）。

○惣角は大東流合気柔術と小野派一刀流の二流を名乗った。そこで大東流合気武道は、大東流合気柔術と小野派一刀流の両者が相俟って成立（第4節で論じる）。

3　鶴山晃瑞師範の説

鶴山氏の大東流三大技法日新館編纂説は、前節で検討した様に歴史事実に合致せず、全く無理な説であるが、敢えて、大東流合気剣術に関連する記述の検討を行う。

なお、鶴山氏の主張する大東流三大技法には、剣術関連では「大東流教外別伝」として武器術が含まれ、地之巻に抜刀術、合気二刀剣（手ほどき）、人之巻に合気二刀剣（初伝・中伝、奥伝）、天之巻に合気二刀剣（秘伝）が配されているが、あってしかるべき「合気剣術」が全く欠落している。

そこで、鶴山氏の大東流合気剣術関連の説として、その著『図解コーチ合気道』（成美堂出版）の記述と、それらを補うものとして、門人の折笠あいき氏が纏め「秘伝」誌1995年3月号に発表された「歴史が語る大東流の秘奥」を考察することにより、要点を纏めると次のようである

○合気武道の理合は、槍（宝蔵院流）、棒（新当流）、剣（小野派一刀流忠也派）を合体してまとめられた。特に会津藩主に伝えられた小野派一刀流兵法がその中核（第三節で論じるが会津藩に新当流棒術と、

激動の昭和初期、武田惣角師（右）に大東流合気柔術を学び、各種書物も残した久琢磨師範（左）

小野派一刀流忠也派は伝承されていない)。

○合気武道の源流小野派一刀流兵法の秘伝は、会津藩に残され、歴代の藩主、家老がこれを相伝していた。幕末には、主席家老西郷頼母がこれを受け継ぎ、保科(松平)容保は受け継がず(これは、ほぼ武田時宗師範の説そのまま)。

○四方投は、会津藩歴代藩主にのみ免許皆伝が許されていた小野派一刀流忠也派の秘剣から生まれた「無刀の秘技」(これは、武田時宗師範の説のさらなる展開で、藩主のみが免許皆伝を許されたとする)。

○大東流は、長い年月を経て会津藩で諸流派武術のノウハウを結集し、完成されたものである。甲斐武田家家伝秘術の騎馬兵法の原形と、会津藩に伝わる小野派一刀流剣術理合に柳生新陰流兵法の心法等を加え、会津藩で完成された平法《へいほう》。大東流の技法には小野派一刀流系と柳生新陰流系とがある(会津藩に小野派一刀流と柳生新陰流が伝承したかは第三節で論じる)。

第三節　会津藩武術史からの検討

前条で纏めた大東流合気剣術に対する諸問題点を、ここで検討していこう。

1 「小野派一刀流、会津藩主歴代伝承」の誤り

前節で紹介したように、武田時宗師範の説では、会津藩祖・保科正之が「将軍家指南役・小野忠常から小野派一刀流の秘奥を学び、小野派一刀流と御式内の二流を歴代会津藩主に継承させた」と説き、鶴山氏も会津歴代の藩主のみが一刀流忠也派の免許皆伝を許されたとするが、これは誤りである。

実は、会津藩主は代々溝口派一刀流を学んでいた。そのことは『会津藩教育考』（小川渉、昭和6年12月）283頁の「第十七　刀術場」の最初に、

「刀術は一刀流溝口派と眞天流、安光流、太子流、神道精武流の五派あり、君公には溝口派を、学べ給へき。土津神君鳳翔院君はこれを知らず」と明確な記述がある。

日新館の剣術道場で教授されていた剣術が一刀流溝口派、眞天流、安光流、太子流、神道精武流の五流派であり、君公（藩主）は一刀流溝口派を学んだ。しかし初代保科正之（神道の法名を土津霊神《はにつれいしん》）、二代正経（鳳翔院殿）が何流を学んだか不明であるとしている。この記述に当たってさえいれば、この様な誤りを犯す事はなかったと思われる。

『会津藩教育考』を裏付ける資料が近年翻刻された。第八代藩主松平容敬《かたたか》の生涯の記録『忠恭《まさお》様御年譜』（平成13年、会津若松市）である。その「巻之二十一付録」には、神道に始まり、国学、和歌、御流岐之兵学長沼流等の文武の学芸の修学の様子が詳細に記されている。その剣術の部分には「溝口派一刀流剣術の修業は、師範町野忠助重勝、其の子庄三郎重祥、其の悴忠左衛門重虎等が練習の御相手をした。皆伝は町

会津藩校日新館全景（『会津藩と京都守護職』より）

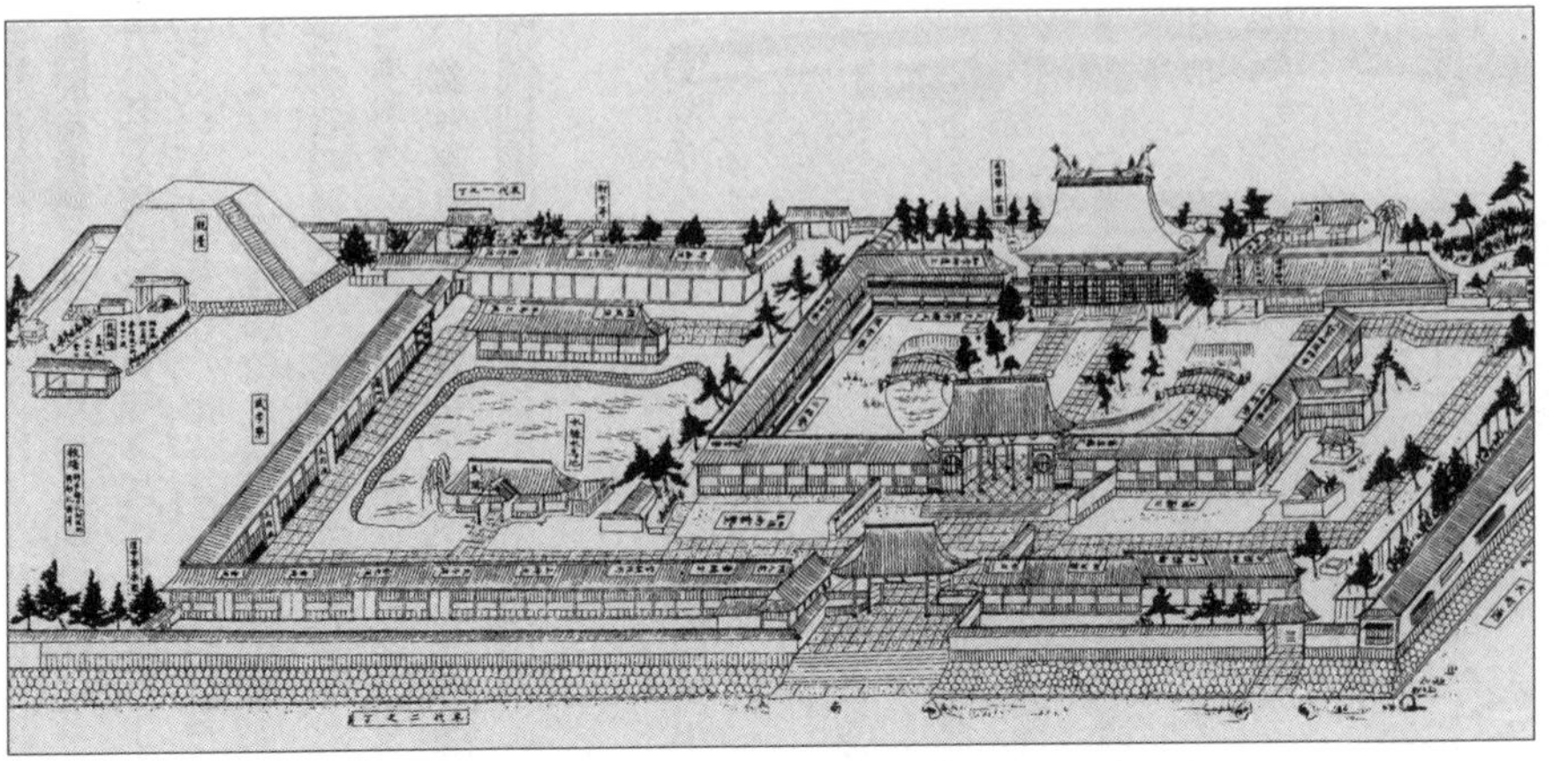

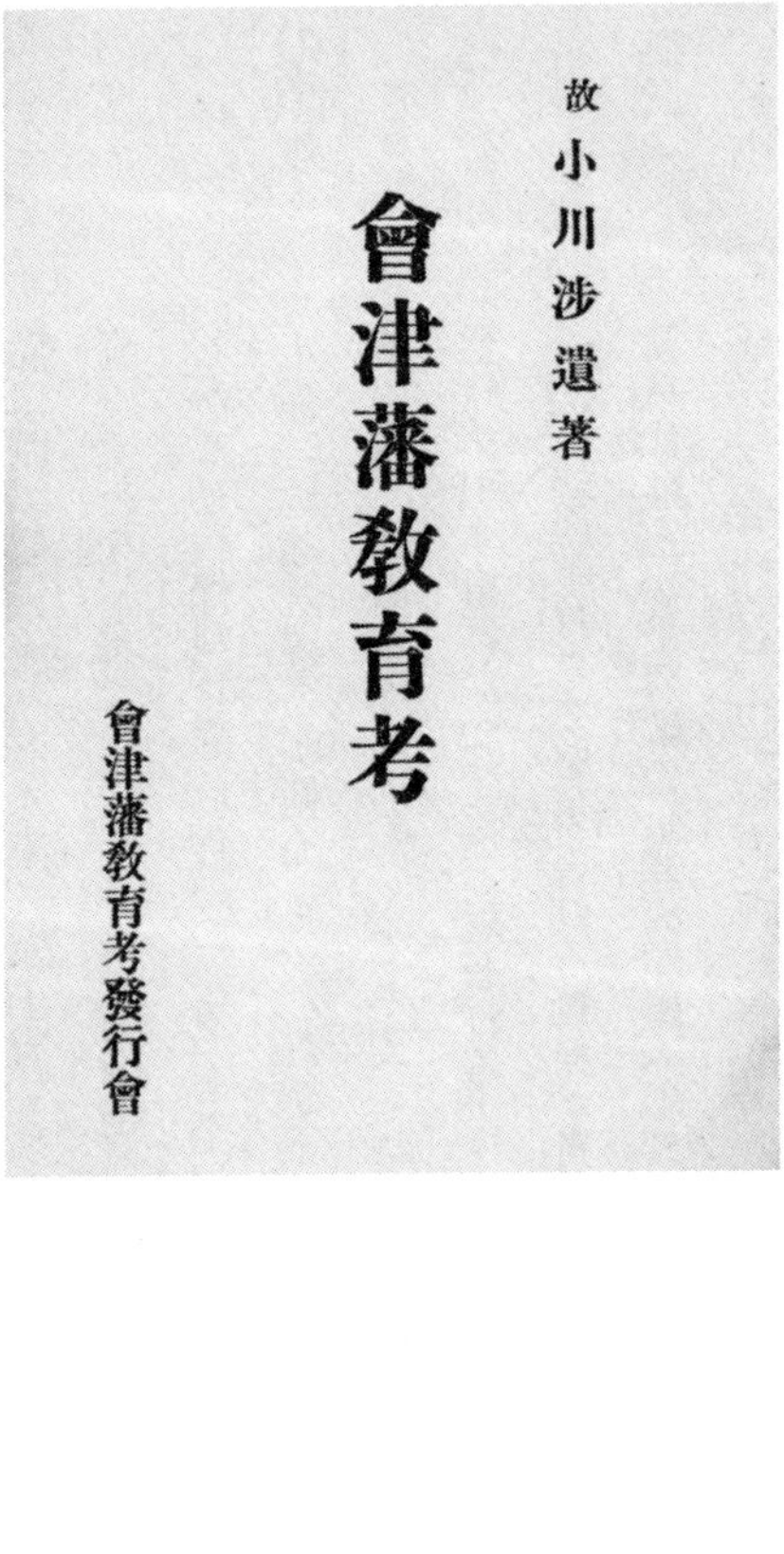

故 小川渉遺著

會津藩教育考

會津藩教育考發行會

小川渉著『会津藩教育考』。会津藩の武術史研究に欠くことができない資料一御刀術ハ溝口派一刀流町野忠助重勝其子庄三郎重祥同人悴忠左衛門重虎等御相手申上御皆伝ハ庄三郎申上候、其外高弟共迄追々被為召御深切ニ御修行被遊候、最初大町通御住居ニ被為入御稽古御始被遊候より御終身無御間断御修行被遊、中ニも御席上り前後御皆伝前抔ハ別而御出精被成同御様子可申上様も無之、御用不被為在日ハ多分終日之御業ニ而昼之御膳之間も被為惜、暮合御手元見へ兼候迄御稽古被遊、暑中なとハ御惣身御汗流れ渡り御衣も絞候計ニ相成、又ハ綻裂抔致御存分之御業被遊候処よりハ御痛所等被為出来候事もまゝ有之候、

『忠恭様御年譜』付録の刀術部分。会津藩主が溝口派一刀流を修めていたことを裏付ける

野庄三郎が伝授した。其外の高弟ども迄も時には召されて、御深切に御修行を遊ばされた」と始まり、真剣な修業の様子が詳しく記録されている（活字では35行に及ぶ）。

いずれにしても、会津藩主が学んだのは溝口派一刀流であり、武田時宗師範、鶴山氏の想像したように、小野派一刀流が歴代藩主の学んだ流派ではなかった。

それでも、会津藩主歴代が一子相伝のように、小野派一刀流と御式内を秘かに伝承したと考えたい人や、惑わされる人が出ないように、最後に述べておきたい。それは絶対にあり得ない事であったと。

『会津藩教育考』16〜17頁にわたる会津藩主始祖土津霊神（保科正之）から9代忠誠《まさね》霊神（松平容保）に及ぶ系図の家督相続年齢、没年、在勤年数をちょっと注意して読めば、そのような新説は生まれなかった。簡単に言えば、三代正容《まさかた》は13歳、四代容貞《かたさだ》は8歳、五代容頌《かたのぶ》は7歳で会津松平家を相続しており、それぞれ先代は彼らが藩主になったその年に没している。まさかこのような幼少年が、小野派一刀流や御式内

を先代から一子相伝できたとは誰も考えられまい。

このように、武田時宗師範と鶴山氏が主張されたような、歴代会津藩主のみが伝承した武術の存在は根底からあり得ない説なのである。

2 会津藩に根付かなかった小野派一刀流

『会津藩教育考』に寛文年間（1661〜1672）、小野派一刀流の達人、岡田素伯が罪あって会津藩に来たとあるが、その折に会津藩士に小野派一刀流を教えたかどうかは未詳であり、伝承したとの記録はない。

また三代正容は、小野派一刀流を小野次郎左衛門を招いて、指導を受け、奥秘を受けた程であったが、それが後に伝承された訳ではない。

文政6年（1823）発行の『日新館誌』には、さきの五流以外にも、会津藩に伝承した流派について系図と列伝が掲載されている。助国流、神刀流、新当流、心当流、新刀流、新陰待捨流、天流、新天流、破東一流、東軍流、左流、山口流、大道流、神道霞流、大橋牧流、以心流の諸流の伝承があったことがしっかりと記録されているが、小野派一刀流が伝承されたとの記録はない。

よって、それまで会津藩には、鶴山氏が主張した忠也派を含めて、小野派一刀流は根付かなかったのである。

ただし、幕末の慶応年間（1865〜1867）になると、日新館ではなく、下級武士が学ぶ宅稽古場（師範宅の道場の意味。日新館が官立の道場であるのに対し、私立の道場である）の師範中に、一刀流大庭勇助、北辰一刀流黒河内《くろごうち》伝五郎、一刀流小野派大竹学兵衛などの溝口派一刀流以外の一刀流系の師範が現れる（『会津藩教育考』「慶応年間文武の師範たりしもの」より）。いずれも会津藩における初代伝人と思われる。

しかし、これら三流は全て宅稽古場で教授されたもので、日新館で教授された訳ではない。

3 会津藩に根付かなかった柳生新陰流

『会津藩教育考』403頁に「按ずるに『家世実記』寛文2年（1662）の条に、柳生流（柳生十兵衛三厳を祖となす〈原文ママ〉）剣術の達人毛利市之丞に三百石を賜はり召抱へられし旨見え、また会津古人伝塩田昭矩が伝に、父重矩に学ぶて柳生流の剣術に長ずとあり、昭矩は明和五年に死し其の子昭方に伝へしや否詳らかならず、毛利より塩田に至るの間その後の伝統絶えしや将た予が知らざるものか後考に付しぬ」とある。

まず、会津藩始祖保科正之が、寛文2年に柳生流剣術の達人、毛利市之丞を三百石で召し抱えた事を言う。しかし、それがどのくらいの期間伝承されたかは未詳で、すでに『日新館誌』編纂の時期には、全く伝承が記されていない。

続く、塩田重矩・昭矩父子は、水野新当流柔術を伝えた家柄であるが、塩田重矩が誰から柳生流を学んだか不明であり、昭矩がその子昭方に柳生流も伝えたかどうかも不明である。柔術の弟子に柳生流を伝えたとの記事もない。この他『日新館誌』巻二十五には、

「新陰流

本田式部――津田朝常

又

千木六左衛門――堀善左衛門」

と二系の新陰流が掲載されているが、各系とも僅か二人で終わり、その詳細も不明とする。

さらに、先に挙げた幕末の会津藩の剣術の師範名を知り得る『会津藩教育考』「慶応年間文武の師範たりしもの」にも、新陰流、柳生流の名は無い。

よって、幕末の会津藩には柳生新陰流の伝承は無かったとしか言えない。すなわち江戸時代を通して、会津藩には柳生新陰流は根付かなかったのである。

4 日新館編纂とする、小野派一刀流系と柳生新陰流系の大東流合気柔術技法は存在し得ない

以上で見たように、幕末の会津藩には、一刀流忠也派も伝承していないし、柳生新陰流も伝承していない。

「大東流三大技法日新館編纂説」は藩校で会津藩の総智を傾けて幕末に完成したという。ところが、その大東流の基礎となったとする一刀流忠也派も柳生新陰流も会津には根付かず、教授されなかった。

よって、折笠氏の説くように、鶴山氏のみが伝承したという日新館編纂の小野派一刀流系大東流合気柔術技法も、柳生新陰流系大東流合気柔術技法も存在しようがないのである。

なお、折笠氏は、会津藩は柳生新陰流を幕府に隠して、「田舎剣術の如く太子流・安光流等の名称で行っており」と、秘密に伝承していた如く述べておられるが（秘伝誌1997年8月号）、秘伝誌1995年3月号では、その太子流と安光流を、本来は武田兵法であったものを、幕府に隠して太子流と安光流と名乗らせたと述べている。折笠氏が「会津藩が大事にした」と主張する甲斐武田家の武田兵法は、何処かに消えてしまったわけである。

第四節 武田先師の大東流合気剣術とは？

では、前節でまとめた大東流合気剣術に対する諸問題点を、ここで検討していこう。

1 武田先師は何流の剣術を学んだか？

武田先師の伝承をそのまま纏めたと考えられる久琢磨師範の伝承（以下、久伝とする）から、武田先師の学んだ武術を、学んだ順に記すと、

1・幼少より剣道を修業した。

2・十八歳で既に二刀流の免許皆伝を受けた。

3・引続き小野派一刀流の免許を受けた。

4・直神（ママ）影流等の免許をも受けた。

5・後年、大東流合気柔術を祖父内匠守称惣右門より免許皆伝を受けた。


となる。

この伝承で問題なのは、最初の剣道、二刀流、小野派一刀流、直神（心？）影流の師名が無く、誰に習ったかが不明な事である。そして最後に大東流合気柔術を祖父より学んだとする。

これに対して武田時宗師範伝（以下、時宗伝と略称させていただく）では、以下のように、剣術修業の年代と師名がおおむね明確に出てくる。


1・父惣吉から剣術、捧術、相撲、大東流を習った。

2・明治3年10歳、坂下養気館道場の小野派一刀流渋谷東馬に入門。

3・明治6年13歳、榊原鍵吉の内弟子となり直心影流の秘奥を学んだ。

4・榊原道場で旧幕府時代の講武所の各流派の達人と立ち合い、剣、棒、半弓、杖、手裏剣など武芸十八般の稽古に精進して熟達、槍についても宝蔵院の印可を受けた。

5・明治10年17歳、大阪で剣豪・桃井春蔵の客分となる。

久伝　武田惣角先師　剣術修業歴

1	幼少より剣術修行
2	18歳で二刀流免許皆伝
3	引き続き小野派一刀流免許
4	直神影流免許
5	祖父より大東流合気柔術

なお、武田時宗伝によれば、

直心影流	榊原鍵吉	明治六年	13歳で入門。
		明治八年	15歳で帰郷。
宝蔵院流槍術印可	師不明	明治八年	15歳までに

6・惣角は大東流合気柔術と小野派一刀流の二流を名乗った。そこで、大東流合気武道は、大東流合気柔術と小野派一刀流の両者が相俟って成立。

となる。

武田先師が大東流を誰に学んだかはひとまず置くとして、久伝の1の流派は、時宗伝の2に相当するものであることは、年齢と道場の所在からして間違いあるまい。

久伝の3は、時宗伝にも対応するものが無く、何処で、誰から、何流の免許皆伝を受けたのかは全く不明である。

久伝の3は、まず小野派一刀流の免許を受けたのが、渋谷東馬からであったのかどうかが不明である。他者から受けた可能性もある。次の「直神影流等の免許をも受けた」の「等の」との表現は微妙である。小野派一刀流と直神影流二つを意味するとも、その二流以外の他流の免許を受けた事を意味するともとれるからである。

そこで、久伝、時宗伝の簡単な検討から、武田先

武田惣角先師の伝承から、津軽藩伝小野派一刀流の研究もされた武田時宗師範

師が習った剣術関係の流派を纏めると、前頁の表のようになる。

この他、武田先師は大正11年（1922）に植芝盛平師範宛に新陰流の巻物を伝授している。すると武田先師は柳生新陰流を伝承していたのであろうか？

これらの問題を以下で検討していこう。

2／武田先師の大東流は合気柔術と小野派一刀流で構成されたのか？

武田時宗師範は、武田先師が「渋谷東馬門人」と英名録に記してあることから、大東流は合気柔術と小野派一刀流剣術で構成されると主張された。

まず、この主張は、武田先師の大東流には当てはまらない。武田先師が合気柔術の他に、二刀剣術、棒術、槍術、鉄扇術、手裏剣術等の諸術を保持し、時に教授しておられた事実を全く考慮されていない。小野派一刀流にはこのような諸術は含まれない。

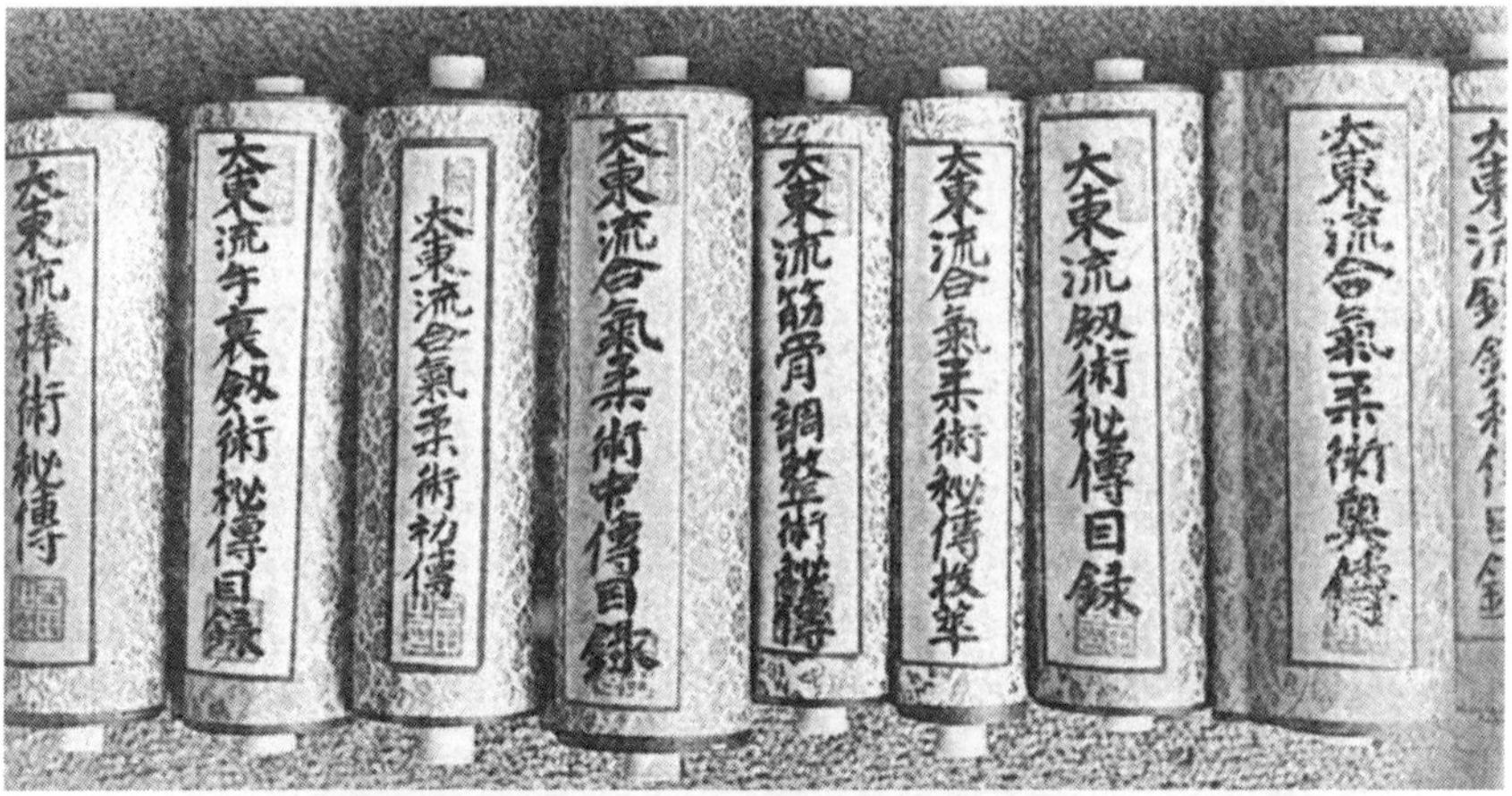

吉田幸太郎師範（下写真・右）がリチャード・キム師範（左）へ伝授した巻物類。吉田師範は大東流の伝承を独自に整理して様々な体系を構築された。左から7本目に『大東流剣術秘傳目録』が確認できる

この事は、武田先師が出された免状に照らしても明らかである。武田先師は、小野派一刀流渋谷東馬門人と英名録巻頭に記していても、御自身の流儀は大東流と称し、小野派一刀流とは称していない。「大東流合気柔術秘傳奥儀之事」などの免状に、「大東流合気二刀流秘傳」とあっても、「小野派一刀流剣術」の文字はない。

佐川幸義先生からも、剣術伝授の折りなどに、「武田先生が教授されたのは大東流合気剣術で、小野派一刀流ではない」と、しばしばお聞きしている。そのお言葉を裏付けるのは、吉田幸太郎、松田敏美、植芝盛平、堀川幸道、久琢磨、山本角義等の有名な師範が誰一人として、小野派一刀流を伝授されていない事実である。

前ページの写真は、吉田幸太郎師範がリチャード・キム師範に伝授した巻物類である。左より大東流棒術秘傳、大東流手裏剣術秘傳目録、大東流合気柔術初傳、大東流合気柔術中傳目録、大東流筋骨調整術秘傳、大東流合気柔術秘傳抜粋、大東流剣術秘傳目録、大東流合気柔術奥傳、大東流鎖鎌秘傳目録と読める。合気柔術などと並び「大東流剣術秘伝」とあるが、「小野派一刀流剣術」の巻はない。大東流の広範な諸芸を整理した吉田幸太郎師範もまた、武田先師より小野派一刀流の形を学んではいない貴重な証拠である。

後に第二章で紹介するが、植芝盛平師範が昭和13年に出した『武道』で発表した剣術も、久琢磨師範の著した『大東流合気剣道』も、山本角義師範の残した剣術も、小野派一刀流とは全く異なる。

そもそも、武田時宗師範自身も、小野派一刀流にあらざる、武田先師独特の剣風があった事を語っておられる。それは後に紹介しよう。

そういうわけで、武田先師の大東流は合気柔術と小野派一刀流で構成されていたわけではない。

3 武田先師は小野派一刀流の形を伝承したか？

武田先師が渋谷東馬から小野派一刀流を学んだと

いう伝承から、武田時宗師範の門系では、武田先師が学んだ流派に遡り研究しようと、笹森順造師範が大成された津軽藩伝小野派一刀流を導入し研究鍛錬されている。

しかし、小野派一刀流といっても、伝承によって内容が相違している。津軽伝で伝承される「詰座抜刀、立合抜刀」等は、津軽における神《じん》夢想林崎流居合の影響で整備されたとも思われるが、他流勝之太刀の「無一剣、玉簾《たますだれ》、一太刀」などは忠也派の『一刀流兵法目録』にも見られるので、小野派が本来相伝していたものと思われる。

ところが、武田先師が学んだ渋谷東馬伝小野派一刀流は伝承と技法内容とが不明であり、現在の津軽伝と同様であったかどうか、大いに疑問がある。

そこで、まず、伝承が不明な渋谷東馬伝小野派一刀流について検討しよう。

①　試合稽古を重んじたと思われる渋谷伝小野派一刀流

江戸時代初期の剣術諸流の稽古は、打太刀、仕太刀に分けて攻防の技法を組み立てた形《かた》を練習する形稽古であった。しかし、江戸時代中期に直心影流長沼道場から起こった防具を着け竹刀で打ち合う試合稽古が、一刀流の中西道場（一般に中西派とされるが、実際には小野派の正統を自負していた）でも採用されて人気を博し、幕末になると、竹刀防具の試合稽古が全国に流行し、剣術の武者修業が盛んになった。会津藩にも、諸藩の剣術・槍術の廻国武者修行者が訪れ、現代剣道とほぼ同じような試合稽古が行われた。

嘉永7年（1854）会津藩の剣術家との稽古を希望して、佐賀藩士牟田高惇が江戸の神道無念流斉藤弥九郎の添状を持参して訪問した折りに、黒河内伝五郎（武田先師の養父との説もある）が対応した事が、牟田の修行日記『諸国廻国目録』に見える。

当時は、日新館剣術五流でさえも、伝統的形稽古の他に、流行する竹刀防具を採用し、試合稽古を行う傾向が高まっていった（『会津藩教育考』による）。

この傾向が、慶応年間の会津藩の宅稽古場に黒河内伝五郎の北辰一刀流、大竹学兵衛の小野派一刀流が現れる基となったと思われる。あるいは、江戸在勤中に、流行の小野派一刀流剣術を修業し、会津にもたらした人物があったのかも知れない。

渋谷家は11家あった医家の一つであり、東馬も日新館の医学課程で学んだが、夜間に稽古されていた宅稽古場で、小野派一刀流を学び得たと思われる。

すると、渋谷東馬の小野派一刀流は、この時代の風潮からも、また、弟子の武田先師の全国武者修業が、試合稽古を中心としていた点からも、形稽古よりも試合稽古を重んじたものであった可能性が高い。

つまり、武田先師の修業した渋谷伝小野派一刀流は試合稽古を重視したもので、津軽伝小野派一刀流の形を重視する伝承とは、大分相違すると思われる。

② 古流武術の形稽古

さらに、武田先師が大東流合気柔術を「形」でなく「技」として伝授していた点からも、全く相違する「形」の形式で小野派一刀流を伝承していた事は不自然である。

そもそも、大半の古流柔術流派の技法の伝承形態は、起倒流など少数の流派が「乱取り稽古」を中心に技法を伝授していた事を除けば、「形稽古」が中心であった。形稽古には、「礼法」が伴う。礼法の形態は流派により全く異なるが、礼法の順次は似通った点もある。ごく一般的な形稽古の模様はおおむね次のようである。

演武者二人は多くは少し間を取って道場に入場するとまず、立位または坐位で神棚に向い、神前の礼をする。次に、師範先輩に向い礼をし、初めて互いに開始礼をして、近づき技法の練習を始める。一つの技法の練習が終了すると、そこで軽く終礼を行う場合もあり、互いに最初の位置に戻り、ここで終礼する事もある。ここまでで、一つの形稽古が終了する。

続いて次の形の稽古を始める場合もある。同様に何本かの形を稽古して稽古が終了する。

最後に、互いに最初の開始位置に戻り、神前に向い礼をして、師範先輩に礼をして道場を退場する。

気楽流柔術による奉納演武（日本古武道振興会明治神宮奉納演武より）

伝統的な古流武術の「形」には、礼式を規範とした定まった流れが構築されている。演武者は、演武会場に入場するや、神殿に向かい礼。ついで遠間をとって、互いに礼をする（写真1）。さらに演武開始位置に進み、一つの形の演武が始まる（写真2）。形が終了すると互いに礼（写真3）。これを、同様に形と礼を繰り返し、最後に立礼の位置に戻り、神殿に向かい終礼を行い（写真4）、形の演武を終了し退場する

合気道（合気会）による奉納演武（同大会より）
始めに神前への礼は同じ。師範とその他の道場生全員との礼がかわされると、早速、一人が師範の前へ（写真1）。道場生は間断無く次々と懸かり（写真2）、技が最後の極めまで行われても（写真3）、何事もなかったかのように再び掛かっていく（写真4）。最後に、再び師範と全員との礼と、神前、あるいは観客への礼で演武が締め括られる。こうした様式は合気道が現代武道であるということだけではなく、大東流からの伝統的な様式であると考えられる。

以上は、古流柔術の形稽古の概要であるが、古流武術全般でほぼ同様である。小野派一刀流剣術も、勿論、このような伝統的な形稽古を取る。写真で示したのは、群馬県伊勢崎を中心に栄えた柔術の名門気楽流（現宗家は十九代飯島文夫師範）による、伝統的「形稽古」に準じた奉納「形演武」の好例である（一部を抜粋）。

ところが、大東流合気柔術諸伝では、合気道諸派を含めて、この古流柔術のような稽古形態、演武形態を取らない。大東流の場合は、概ね次のようである。

演武者二人は道場の入場に際し神前に礼するが、技法の練習前には特に神前に礼はしない。互いに近い間で正座をして向き合い開始礼をして練習が開始される。

片方が正面打を左右何本か打ち込み、片方がそれを受け制圧する技法の練習を繰り返す。彼我攻守を交代して、何本かを繰り返し、次の横面打の練習に進む。このように想定技法ごとの練習を次々に繰り返すが、古流の様に離れた開始位置に特に戻る事はしない。最後に、互いに正座して向きあい練習が終わる。これは演武会などでも同様である。

これは、我が佐川伝を始め、植芝伝、久伝、山本伝、堀川伝、奥山伝など多くの大東流系で取られる稽古形態、演武形態である（ただし、武田時宗師範の大東館では、武田先師の伝統的な稽古法を取らず、古流柔術風の形稽古に変えたので、この場合は当てはまらない）。

古流武術の、形の一本毎に開始位置に戻り、丁寧に礼を繰り返す形稽古の形態と比較すると、大東流の稽古の形態は礼法が随分と省略されていて、雑とも思われ易く、「形」になってないと、古武道界から非難されたとも聞く。

では、このような大東流独特の稽古形態は何時から始まったのか。

③ 武田先師に始まる独特の稽古形態

実は、大東流独特の稽古形態は、武田先師によって始まった。

昔日の剣術の試合稽古における開始礼

武田先師は、大東流最初の一ヶ条の段階の講習を開始する時に、受講者が武田先師に向かい礼をしようと両手を床に着けようとするのを、そこそこに、その太い両手を差し出して「さっ、掴みさっしょ（掴みなさい）」と声を掛けて、両手を掴ませると合気揚《あげ》、合気投の伝授を始めた、終わるや次々と伝授が進み、一日分の講習が終了した。伝授の途中で礼をする事はない。

この講習の形態が、そのまま大東流独特の稽古形態となったと考えられる。

では、この独特な稽古形態は、どのようにして武田先師に採用されたのであろうか。

ここで想起するのは、武田先師が明治30年代に大東流柔術を名乗る以前は、江戸時代の廻国剣術武者修行の伝統を踏まえた、全国遊歴の剣術修行を、竹刀防具を肩に担いで続けていたと伝えられる事である。

先述したように、江戸時代後期になると、古流剣術稽古の大勢は、それまでの形稽古よりも竹刀防具による試合稽古中心となった。古流剣術を名乗っていても、やる稽古はほぼ全国共通の試合稽古であった。その模様は、ほぼ現代剣道のそれと同様であった。

道場に入場し神前上座に礼し、対立し立礼、蹲踞《そんきょ》しつつ竹刀を抜き合わせ、立ち上がるや一足一刀の間合いで中段となり、互いに攻防を自由に繰り返す。稽古が終了すると、互いに蹲踞しつつ納刀し、立ち上がり立礼して終了する。

この試合稽古の形態を、大東流の独特の稽古形態と比較すると、相似点が多く、古流柔術の形稽古の稽古形態と比較した場合のような違和感が無い。

即ち、大東流独特の稽古形態は、武田先師が青壮年期に身を置いていた、剣術の試合稽古の影響を強く受けて成立したと考えるのが自然である。さらには、武田先師が古流柔術の伝統的な形稽古に触れる機会は、剣術に比べればずっと少なかったのではないかとも考えられる。

④「形」でなく「技」を伝授した武田惣角先師

武田先師は、このような剣術試合稽古の世界に長く居られた。そして、本論考の主題である独特の風格を持つ大東流合気剣術の技法を集成し、創造していかれた。そして、何時の頃からか、同様に、独特の風格を持つ柔術技法を集成し、後に日本武道における一分科とも目される大東流合気柔術を創造されていったのではないか。それが、大東流が柔術でありながら、「形」という方法で技法を伝授したり練習する事無く、「技」という形態で伝授し、練習していくという方法を採用された原因となったと考える。武田先師という一人の人間が、柔術は「試合稽古」に似た形態で、剣術は「形稽古」によってと、異質な方法で教授したとは、とても考えられない。

なお、「試合稽古」は伝統的武道文化から外れると軽んじる人もあるが、「試合稽古」も江戸時代中期から続く、伝統的武道文化の一つである。

武田先師は小野派一刀流の「技」を伝承していても、「形」を伝承していないし、「形」の伝授もしていないと考える（この項は、合気ニュース改題「道」144

号発表の文章に加筆訂正したものです）。

4 武田先師は直心影流榊原鍵吉の内弟子になったか？

久伝の「直神（ママ）影流」に対して、時宗伝では「3・明治6年13歳、榊原鍵吉の内弟子となり直心影流の秘奥を学んだ」として、付随して「4・榊原道場で旧幕府時代の講武所の各流派の達人と立ち合い、剣、棒、半弓、杖、手裏剣など武芸十八般の稽古に精進して熟達、槍についても宝蔵院の印可を受けた」とするが、問題である。

まず、いくら天才であっても、僅か15歳の少年が最大でも2年間そこそこの修業で宝蔵院流槍術の印可、即ち、免許皆伝を得たなどとは、常識的にあり得ない。

また、榊原道場の修業と撃剣興行の模様は石垣安造著『鹿島神伝直心影流極意伝開』『撃剣会始末』等、幾つかの記録が残されているが、「旧幕府時代の講武所の各流派の達人と立ち合う」機会がそうあったわけでもないし、剣以外の「棒、半弓、杖、手裏剣など武芸十八般」の練習はされていない。恐らく、榊原の撃剣興行や、榊原が校閲したことになっている『柔術剣棒図解秘訣』や『武道図解秘訣』の内容から、これらの諸術を榊原の道場で修業できたと誤解したものと思われる。

それよりも何よりも、武田先師が長期間榊原鍵吉の内弟子だったとの伝承が考えられない事である。まず、武田先師から、直心影流の極意の一手を教わった佐川先生でさえも、榊原鍵吉の内弟子だったとは聞いた事がないし、久伝でも同流免許を得たとするが、榊原鍵吉からとはなっていない。武田先師の古い弟子にこの伝承がない。

武田時宗師範は、武田先師が内弟子となった経緯を、「惣角は10代で上京してますが、それは父親の惣吉が榊原鍵吉と知り合いだったからです。榊原は将軍家の護衛官で、惣吉は会津藩の力士隊長ですから懇意なんです」（「合気ニュース」126号）と語り、

幕末から明治の世を生き、「最後の剣客」とも言われた直心影流の榊原鍵吉（石垣安造著『直心影流極意伝開』より）

榊原の校閲を受けたといわれる『柔剣棒図解秘訣』

久琢磨師範宛の手紙では「（惣吉は）藩命により、力手士組（角力取り250人）を組織し、その組長となり、大砲隊に属し、蛤《はまぐり》御門、鳥羽伏見、白河口の戦いに参戦し、剛勇にて藩より感状を戴いたほどである」（改訂版『武田惣角と大東流合気柔術』）として、先師父君武田惣吉が鳥羽伏見の戦いで共に戦った幕臣榊原と知己だったことが、榊原に入門した理由とされる。

しかし、ここに大きい問題がある。会津藩で力士隊が結成されたのは、会津藩が官軍に攻撃を受けた会津戊辰戦争の直前の明治元年三月に軍制改革が行われ農町兵の募集が行われた時である。つまり、力士隊は蛤御門の変を初めとする京都の戦いに参加していない。

さらに、榊原鍵吉は鳥羽伏見の戦いには参加していない。即ち、武田惣吉も榊原鍵吉も鳥羽伏見の戦いには参加してないので、知己になりようがない。

さらに、改訂版『武田惣角と大東流合気柔術』の280頁では、「山田次朗吉といって一橋大学で剣を教えた人がいるのですが、彼と同門なのです。その頃の榊原先生の所には何十人とお弟子さんがいたのです。（中略）そういう頃に惣角も内弟子で一緒に生活をしていたのです。二年半くらい、いたと思いますね。だから惣角は一橋大学へ行って剣をやったりもしたのです」とするが、惣角が内弟子になったとするのは明治6年であり、山田が榊原に入門したのは、明治17年22歳の時であり（『剣聖山田次朗吉の生涯』他による）11年の開きがある。

なお、山田次朗吉の著作『日本剣道史』の末尾に剣道流名録がある。そこにたまたま「大東流」の名が挙がっているが、「大東流　（年代）　未詳」とし、「流祖、出所来歴」の部分は空白である。もし、武田先師と同門として一緒に修業した仲であったら、このようなそっけない記述はとても考えられないことである。

これら歴史事実と相違する証言から、武田先師が榊原鍵吉の内弟子であったとはとても見なせない。

ところで、会津藩では、藩校日新館の入学年齢は13歳であるが、はじめは文学の勉強で、武術の稽古開始年齢は15歳であった。江戸時代ではないし、武家でもないが、明治6年の事である、会津藩の風潮は当然残っていたろう。身体の定まらない僅か13歳の我が子を、いまだ風雲醒《さ》めやらぬこの時期に、見ず知らずの遠い東京の榊原道場に預けるなどとは、あり得ない話である。

5　武田先師と鏡心明智流桃井春蔵

時宗伝では、武田先師は、明治10年17歳のおり、大阪で鏡心明智《きょうしんみょうち》流・桃井春蔵の客分となるとする。

武田先師と桃井と榊原に関して、養正館合気道の望月稔師範の貴重な証言がある。

「惣角は柔術よりも剣術に出精し榊原鍵吉に師事して剣術を学んだというが、小野派一刀流や柳生流の伝書も持っていた。（榊原は直心陰〔ママ〕流）

私が昭和5年でき上がったばかりの若松町道場で留守番をしていた時、突然、70歳以上と見えた惣角

鏡心明智流剣術四代、桃井春蔵直正像

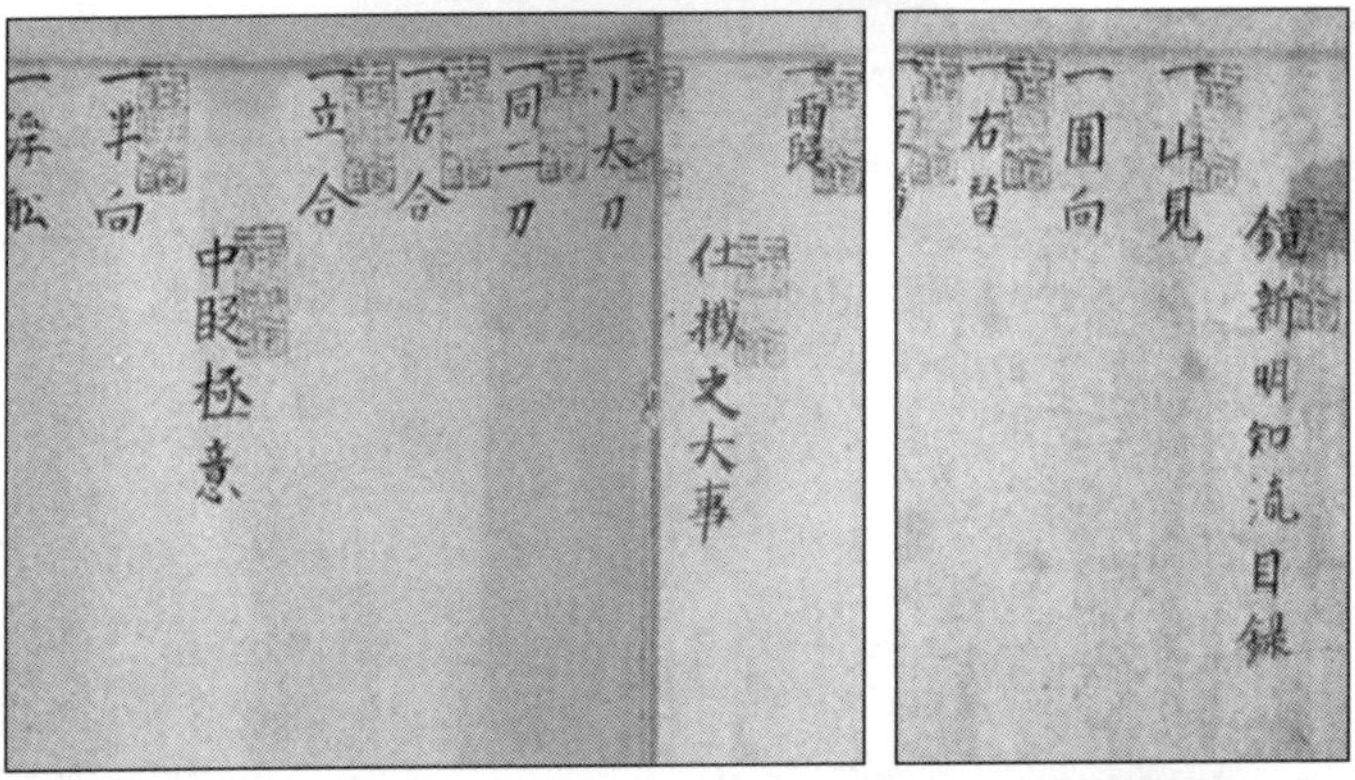

『鏡心明智流目録』冒頭部分と「二刀」の記述が見られる部分

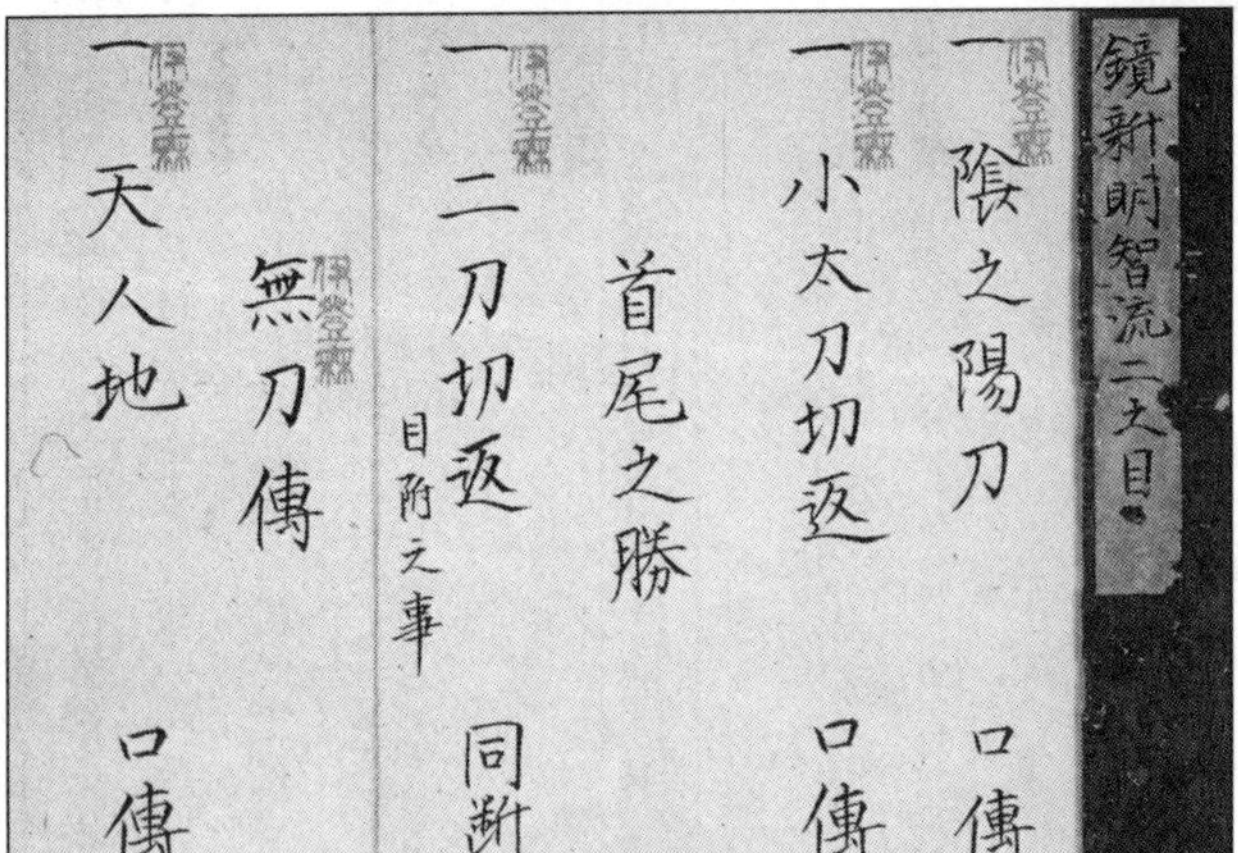

『鏡心明智流二之目』こちらの巻物にも「二刀」の技法が記載されている

先生の来訪を受け、3時間程も対座して昔話を聞かされたが、その時の話振りでは榊原よりも桃井春蔵の腕と人物をしきりに称揚していたのと、先生が上野駅から牛込若松町へ来るのに先だって築地浅蜊河岸にタクシーを回し桃井道場跡とおぼしいあたりで、しばらく徘徊し往時を追懐していた（運転手の話）ので、私は惣角先生を桃井道場の門人と思っていたが、恐らく鏡心明智流にも通じていたと考えられる。そうして惣角先生が柔術に重点をおいて教えはじめたのは明治の中期を過ぎてからであろうと推測される」（『技法　日本伝柔術　黒帯合気道』望月稔、昭和53年より）

この証言によれば、武田先師が桃井の人物を称揚し、上野から西の牛込若松町の植芝盛平師範の道場に向かう前に、わざわざ遠回りして南の築地浅蜊《あさり》河岸（現在の中央区新富町）にタクシーを回し桃井道場跡と思われるあたりで、しばらく徘徊し往時を追懐していたという。実は、榊原鍵吉の下谷車坂の道場は、上野駅のすぐ近くである。そこに行かず、遠回りしてわざわざ桃井道場跡を尋ねたわけである。

「私は惣角先生を桃井道場の門人と思っていたが、恐らく鏡心明智流にも通じていたと考えられる」という望月師範の証言からも、武田先師が桃井と子弟関係があり、榊原とは無関係な口吻《ふん》であったのであろう。

鏡心明智流四代桃井春蔵直正は、築地浅蜊河岸の道場士学館で門弟千名を越え、北辰一刀流千葉周作の玄武館、神道無念流斉藤弥九郎の練武館と共に江戸三大道場と呼ばれる大道場とした。十四代将軍家茂《いえもち》に従って慶応二年（1866）に京へ上り、大阪玉造臨時講武所に出仕したが、将軍が死去したため、仕を辞して御家人をやめて廃藩頃（明治4年）まで大阪天満《てんま》で道場を開いていた。明治8年に現大阪府羽曳野市の誉田八幡の神主となり、境内の道場で剣術を教えていたが、明治18年夏コレラで死去。

時宗伝の「5・明治10年17歳、大阪で剣豪・桃井春蔵の客分となる」の「客分」という言葉だが、大道場の主であった桃井春蔵と17歳の少年では格が違い過ぎて、客分という表現は不自然である。恐らくは全国武者修業中の武田先師は、この誉田八幡神社の道場を訪れ、内弟子の様に住み込んで修業したのであろう。

桃井師から話に聞いていた、築地浅蜊河岸の道場跡を尋ねて、桃井師を偲んでいたのが、昭和5年の逸話であろう。

ここで、興味深い資料『鏡心明智流目録』がある。鏡心明智流には二刀があった。

図の左方「仕掛之大事」の二行目に「同二刀　八本」とある。この「同」を小太刀と解釈し小太刀の二刀ともとれるが、それは特殊過ぎるので、この「同」は、「仕掛」の意で、「仕掛二刀」の形八本を意味すると思われる。また、目録より上級の伝書『鏡心明智流二之目』には「首尾之勝　二刀切返」とある。

あるいは、武田先師は鏡心明智流のこの二刀を修業し、それが合気二刀剣の一つの基礎となったのであろうか。そして、それが、久伝の「十八歳で既に二刀流の免許皆伝を受けた」という師の不明な伝承に繋がるのではなかろうか。後考を待つ。

因みに、『会津剣道史』には、維新後、剣道と鎖鎌を修練し、二刀流を研究し自ら考案した赤塚八次郎という人がある。武田先師も、このように、鏡心明智流の二刀を研究し、自ら合気二刀流を樹立したので、師範名がない免許皆伝を受けたと称したのであろうか。

6　武田先師は柳生新陰流を伝承したのか？

次頁の写真は武田先師が植芝盛平師範宛に大正11年、綾部にて伝授した新陰流の巻物である。武田先師は新陰流をも伝承していたのであろうか。

まず巻物の冒頭を見てみたい。これは、柳生但馬守宗矩《むねのり》の系統「大和柳生」系の伝書「進履橋《しんりきょう》」である。

また、後付の伝承系譜を見ると伝系があるが、柳生但馬守宗矩から武田先師までを、「十余世」という言葉で一切省略してしまっている点で、大東流の伝

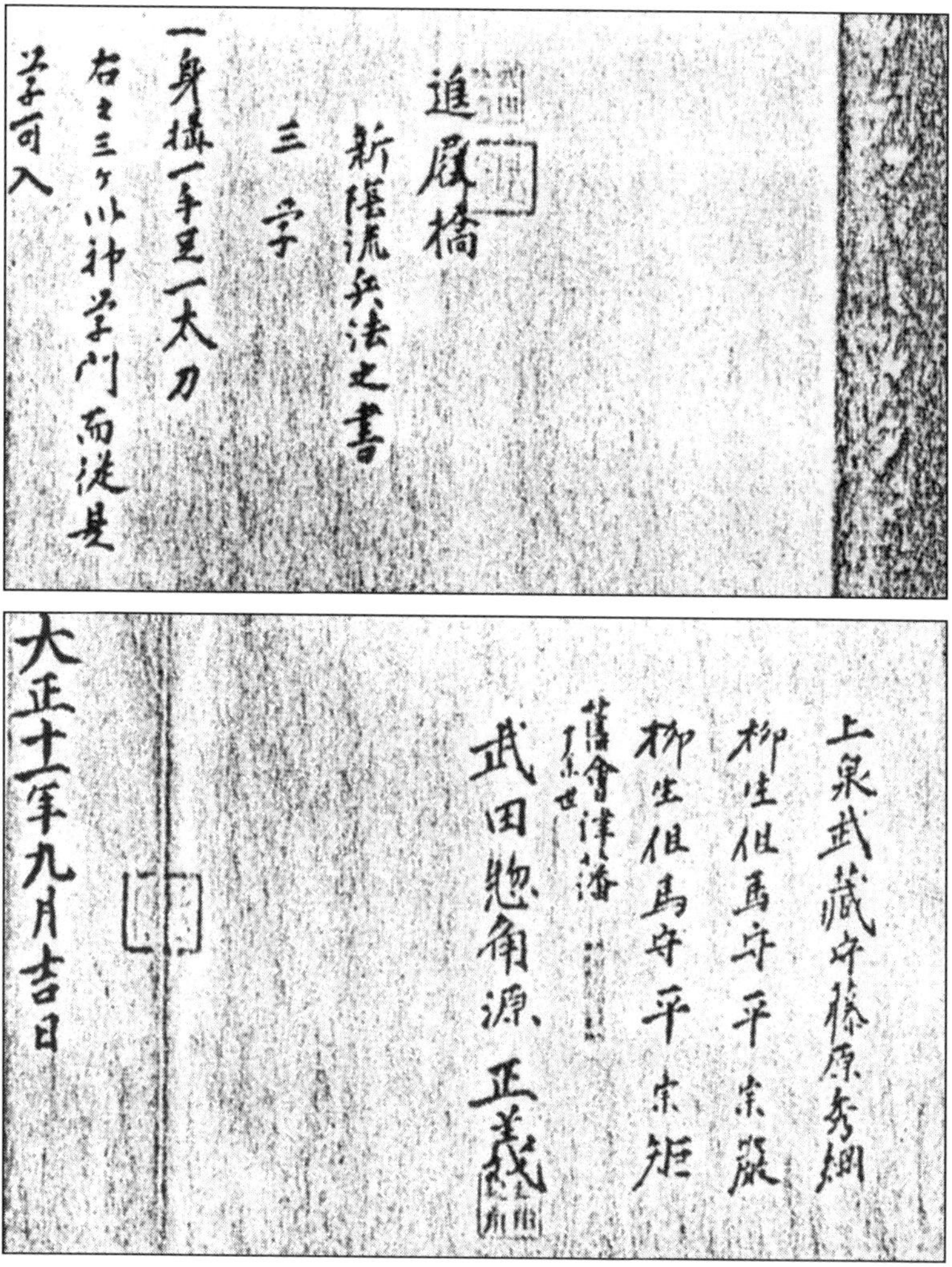
進履橋
新陰流兵法之書
三学
一身構　一手足　一太刀
右之三ヶ以神学門而従是
学可入

上泉武蔵守藤原秀綱
柳生但馬守平宗厳
柳生但馬守平宗矩
旧会津藩
武田惣角源正義
大正十一年九月吉日

武田惣角師より植芝盛平師範へ発行された新陰流の巻物。冒頭は柳生宗矩の系統にある「進履橋」で始まり、最後の奥付部分の伝系は宗矩から一気に武田惣角師へとつながっている（『日本武道大系』より）

書と軌を一にする。これでは武田先師が誰から新陰流を習ったか分からない。上泉武蔵守秀綱と武田惣角源正義の「武」の筆跡が同じなので、新たに書いて伝授したものではあるらしい。

武田先師の出身である会津藩には、柳生新陰流が根付かなかった事はすでに述べた。だから、これは会津藩伝来の武術流派とは関係ない。

また、小野派一刀流の所で述べたが、武田先師は形を伝承するようなタイプの方ではなかった。下条《げじょう》小三郎師範にお供して、何回か植芝盛平師範の道場を訪ねた事のある、尾張新陰流の大坪指方師範から直接お聞きした話だが、最初の訪問の折り、持参した新陰流の袋竹刀を見て、植芝師範は「あ、これが話に聞いた袋竹刀ですか」と興味深げだったという。そして、新陰流の形は全くご存じなかった、と。

ところで、武田家には、狭川《さがわ》新陰流の巻物（巻子伝書）が何本か所蔵されていたという。しかし、武田先師が伝授を受けたものとは紹介されていない。あるいは、武者修業中に縁ができて古流の伝書を入手する機会もあった事だろう。

狭川新陰流は仙台の伊達藩に伝承された流儀である。会津に近いので、武田先師が誰か宛の伝書を入手し、新陰流を研究した可能性は十分ある。ここで忘れられないのは、小野派一刀流の伝書も持っていたという望月稔師範の51頁の証言である。その成果を剣術の技法として植芝盛平師範に教授した折りに、伝書も複写して授与した可能性はあるが、正式な形の伝授を受けたとはとても思えないのである。

7 武田時宗師範が語る武田先師の合気剣術

武田時宗師範は、その大東流合気武道を大東流合気柔術と小野派一刀流剣術で成り立つとされ、その門下に、両流を指導された。

小野派一刀流剣術の教授については「（ある程度直心影流の剣の影響が大東流にありますかとの質問に）あります、その技も伝わっていますよ。教える時は、

武田惣角師の直弟子による貴重な口碑がまとめられている、改訂版『武田惣角と大東流合気柔術』（どう出版編集部）。この中で時宗師範は惣角師の類い希な剣技についても言及されている。

剣は剣で教えていますから……、これが心影流の太刀であるとか、これは小野派流であるとかどれもこれも教えるのは大変ですから、私は幹部には小野派一刀流を教えています。これだけだって六十本ぐらいあるのですから」（改訂版『武田惣角と大東流合気柔術』どう出版編集部）と語っておられる。

しかし、武田時宗師範は武田先師が小野派一刀流にあらざる独自の剣術技法を編み出し、実行された事を昭和41年に発表した「武田惣角の思出」の中で語っておられる。それらの、武田先師が若き日の試合、実戦を通して編み出された剣術、すなわち大東流合気剣術の技法が伝えられなかったのは非常に勿体なく、残念な事である。

以下に、合気剣術に関する重要な部分を抜き出し、続くカッコ内に簡単な論評を付した。

○「父の片手打ちは活人剣とも言うべきで小手を打落し命を助けるためで、父の特技は突と首打落す技で、これは殺人剣と称すべきでもあった」（小手

と首を片手で打ち落とす技は武田先師の絶技であって、小野派一刀流ではない。突きも武田先師は絶技に磨き上げた）

○「湯川貫一氏は岡山で代々藩の剣道指南役の家柄で、当時名の通った先生（今の教士位）で、まだ壮年であったが、父は当時六十五歳位の老人でした。父は湯川氏に剣道具をつけさせ、父は素面で隙があれば何処でも打てと言い渡し稽古をした。湯川氏は父の右左の片手打ちに打ちまくられ、一本も父を打つことができず、子供と大人の稽古で、そのおり湯川氏の両小手は打たれて赤くはれ上がり、水で冷し乍ら小手に手拭を巻いて籠手をはめ稽古したので、私も当時幼少乍ら、手拭を小手に痛そうに巻いて居た情況が、今でもはっきりと記憶に残って居ります」（武田先師の絶技、片手打ちの武田時宗師範の実見談である。武田先師は、只片手で打つだけでなく、左右に持ち替えて片手打ちを行った。これは小野派一刀流の技法ではない）

○「年少の頃から糸玉を作り上より吊し下げ、毎日糸玉を突いて数年切磋琢磨の上、遂に突の妙秘を得、特に槍術を得意として居りました」（突きを絶技に磨き上げた練習法である。剣術の突きの妙秘が、槍術に生きて合気槍術を得意として居た事を語る）

○「試合に当っては、只自分を信じ、名人達人眼中になく、気魄で相手の心気力を一種の金縛り状態にし、我心の儘相手を導き、無ぞうさに勝って居り、父が使って初めて合気の秘太刀となるであります。これは百練修業の結果の賜で、現在の道場稽古でその極秘を得るのは至難な事と存じます」（無造作の勝利を合気剣術の理想とした佐川幸義先生は、これを「夢想の打ち」と呼んで居られた）

○「父は『剣術の試合と真剣勝負は同じではない。真剣勝負は刀を抜くと同時に敵の首を打ち落すか、または一突きで勝負を極めるものだ。心に油断があれば、達人と言わる人も、初心者に敗れる』と戒めて居りました」（試合と実戦を通して、武田先師修業当時の先生方で命を落した実例を上げて、武田先師

は、独自の風格を持つ大東流合気剣術を編み出された）

○**「剣は一打一突で勝負が極まるもの」**（大東流合気剣術は、一気に勝負を決める、単発の技法が一つの基礎である）

○**「父より秘剣の数々の型を学びましたが、父が使ってはじめて合気秘剣となるものと痛感致し、更に父は二刀流も使って居りましたが、父は性来左利きの人で、学んでも誰も使いこなせません」**（小野派一刀流でなく、武田先師の数々の秘剣を残されなかったのは返す返すも惜しまれる。二刀流も小野派一刀流ではない）

○**「この時の情況は、父から刀の使い方・心の配り方・体さばき等、詳細に教えられ、心に秘めて居ります」**（佐川幸義先生も、武田先師からこの時のお話を詳しくお聞きしたと言われる。それが佐川幸義先生が編成された佐川伝合気剣術の極意、多人数掛かりの太刀の中に結実し、その一部の教えを受けたことがある。また、この時の武田先師が使われた太刀の中には槍への入身に使われる技があった）

次に、改訂版『武田惣角と大東流合気柔術』（どう出版編集部）より、武田先師の独特の剣術、合気剣術の特徴を語る部分のみを引用し、同様に論評を付した。

○**「武者修業のこと、一流の先生方と稽古したこと、その先生方の癖とか技の特徴などを全部、父は教えてくれました。こういうのがとても貴重だと思います」**（武田先師の武者修業中の試合を通しての実戦体験よりの教えであり、小野派一刀流ではない）

○**「剣術をやった人だから手が返るんですね。刃をたてなければ相手が斬れない、その場合には刀をこう返さなかったらたたないのです。ですから受け流す時には峰で受け、返して刃で斬っているのです」**（刃を痛めない為の、大東流合気剣術独自の防御法とそれからの手首の返しによる攻撃法であ

る。小野派一刀流の技法ではない）

○**「「合気剣法」というのは手足がきかなかったらだめなのです。受けるというのは剣なのです。抜いたらパッと受ける、その速さがなかったらだめなんです」**（大東流独特の手捌き足捌きと、武田先師の手練の早技をいう）

○**「昔は剣を使ったから腕が強い、大東流は手が動かなかったらだめなのです」**（武田先師が最初剣を使ったから腕が強くなり、その手が器用によく動かないと大東流合気柔術はできないとされる）

8 大東流合気剣術の特徴の簡単な紹介

前項に、武田時宗師範の語る大東流合気剣術の特徴を纏めたが、佐川幸義先生に受けた教えに、諸伝の合気剣術を参照すれば、他流とは少々異なる大東流合気剣術の特徴が浮かび上がる。

そこで、私の知る大東流合気剣術の特徴を簡単にまとめておこう。

① 刀法

一般的な試合剣術の技法を基礎としているが、攻防一体の独特な刀法がある。

i 攻防一体の音無の太刀。直線上の進退を中心とする試合剣術に対して、敵の側面から攻撃して、先々《せんせん》の先《せん》で、敵の構え、あるいは攻撃する太刀に触れる事無く敵を斬る、攻防一体となった音無の太刀が極意の太刀である。

「大東流合気柔術に先を取る技法が無い」「大東流合気剣術も後《ご》の先の技法を取る」との主張があるが、確かに、大東流合気柔術の基本は、後の先の対応の修練を中心とするが、極意に進むと、先を取って仕掛ける「掛手」が重要な位置を占める。これは、合気剣術の極意である仕掛けの太刀と軌を一にする。

ii 粘り付く極意の太刀。「武田先師は、敵が斬って来ても、それを剣で払い流し等の防御をするだけで、敵に蹈鞴《たたら》を踏ませて、敵体を前方に浮かし崩

大東流合気剣術二刀剣を披露する、在りし日の佐川幸義師範

された秘技を持っておられて、実に見事であった」と、佐川幸義先生からお聞きした。佐川幸義先生の防御もまさにそれで、先生に木刀で斬っていっても、木刀で防御するだけで、体まで崩され、強《し》いてはそのまま合気投されてしまうのは、実に不思議であった。

佐川幸義先生は、粘り付く太刀で押さえると、簡単に敵体を崩してしまうので、敵に入身し、合気極、合気投などに自在に変化された。この粘り付く太刀で押さえて敵を居着かせる方法を「合気封刀」と名付けられた、空前絶後の技法であろう。

iii　間を伸ばすために、片手打ち、片手突きを使うのも極意である。片手打ちでは、小手、首が標的となる。

iv　両手打ちの時も、打ちの威力を増し、あるいは打ち間を伸ばすために、刀の把握を自在に変化させるが、片手打ち、片手突きは両手を自在に持ち替えて行う。

この片手で剣を使う事の修練が、合気二刀剣術の基礎に繋がる。

v　上から斬り下ろす打ちのみならず、試合剣術では、防具外れ打ちの反則とも見なされる、下からの掬《すく》い斬りもよく使われる。

vi　突きは、体捌きと手捌きにより威力を増す、逆刃突が特徴的である。

vii　防御は、体捌きと共に、鎬《しのぎ》、棟《むね》を使い、実戦時に刀刃を痛めない工夫がある

② 歩法・体捌き・構え

大東流合気柔術に共通する独特な歩法・体捌きがある。

viii　歩法には、一般試合剣術の様に、右足前に両足を平行にして爪先で立ち、摺り足、送り足で進む歩法のみならず、一般試合剣術であまり使われない、歩み足も普通に使う。また、必要に応じて、飛び込み足も使われた。

ix　しいては、左足前にして後ろの右足を90度に開く撞木足の独特の左中段の構えを秘伝として教えら

れた。

x　攻防一体の太刀の具現化は、敵の攻撃を体を開いてかわしつつ、側面から敵を攻撃するために開き足、開き身が使われる。敵に近づけば入身となる。

9　武田先師の合気剣術の成立と合気柔術への発展を考える

そこで、武田先師の大東流合気剣術の成立と合気柔術への発展を、佐川先生より受けた合気柔術、合気剣術の教えと技法を基に、少々考えてみよう。

まず、少年時代に、修業した渋谷東馬伝の小野派一刀流の試合稽古の技法が基礎となっている。

次に、明治30年代までの青年時代に費やした、全国各地の剣術道場を巡る武者修業の間に、諸流の極意を吸収し、短躯という不利をものともせずに克服。独特な風格を持つ合気剣術を努力と天才の閃きの中に編み出していった。

この間に、鏡心明智流桃井道場での修業、直心影流、二刀流、槍術、棒術、そして柔術などの極意を天才の身中に吸収していったろう。

では、合気剣術の特長が如何なる研究から生まれたかを技法的に分析してみよう。その研究の延長上には合気柔術の独自の特長が生まれる基礎がある。

i　敵の攻撃を完全に防ぎつつ攻撃する、攻防一致の技法を発揮するに必要な独特な歩法の研究。これは合気柔術全般に通用する研究である。

ii　敵との鍔競り、体当たりに対して、小さい体でも強大な敵の力を逸《そ》らし無効にし、反対に敵体を崩す様な体捌きの研究。この研究は合気柔術の投技、「体《たい》の合気」に発展する。

iii　絶大な腕力を養成して威力を発揮する強力な片手打ちなどの、短身でも遠間に打突できる絶技の研究。これは合気柔術の当身技につながる。

iv　敵の打突の力を、受けずに吸収し、無効にする防御技の研究。これは合気柔術の打突に対する防御法、打突に対する合気に発展する。

v　反対に敵に仕掛けて、防御を打ち通し打突し得る、防御の弱点を研究し、敵を動けない様に制圧する攻撃技の研究。これは合気柔術の有効な仕掛け技、合気極めに発展する。

vi　実際に真剣を使っての何回かの実戦経験が、多敵に対する対応、敵の急所への攻撃法、刃こぼれ等の刀身の損傷を少なくする刀法など、竹刀木刀の道場剣術から、真剣を使用しての実戦の教えを加味した、必勝の実戦的剣術の傾向を深めた。素手の実戦は数知れないようであり、合気柔術に実戦的傾向を深めた。

（註　iiiでの「絶大な腕力の養成」というと、武田先師や佐川先生が力まかせに技を掛けていたと、誤解されがちであろう。しかし筋力を養成した上で、無駄な力を使わず、ごく僅かな力で敵を攻撃し制圧する段階に至ったのが、合気の名人の境地であった）

第二章

諸伝の大東流合気剣術

第一節 戦前に発表された大東流合気剣術

ここでは、武田先師を幹として諸伝に分かれた、大東流の系譜の中から、大東流剣術の姿を追ってみる。

まずは戦前に発表された大東流合気剣術について、発表順に紹介しよう。

久琢磨師範伝の合気剣術

武田惣角師範の伝えた合気剣術の特色の一つである、入身転換しての技法、そしてそのために最適ともいえる「左足前となる中段」の極意の構えをすでに紹介している。

1 久琢磨師範『大東流剣道之型』

武田先師（そして植芝師範）が教授した大東流合気剣術については、久師範が昭和11年（１９３６）の著書『大東流合気武道秘傳』の付録『大東流剣道之型』において、その特色を簡潔で、分かり易く伝えておられる。演武者はどちらも剣道家であり、受太刀（打太刀）は堀口教士（「中段の構」写真の右）、仕太刀は和崎練士とある。

「中段の構」

左足前、撞木足に立ち、剣は右手前に構へる。従来の剣道の足の踏み方、剣の構へ方と異なり、足腰に力が入り、しかも四方八方に體の進退転換自由自在なるを本流の特長とす」

（左足前の中段構えは、武田先師がよく指導されたらしく、諸伝に残されている。なお、この構えの優位性については、松田敏美伝大東流の門下で、ご自身も武田先師から講習を受けられた、八光流柔術開祖奥山龍峰師範も戦前の稿本『皇民武道秘傳』で簡潔に紹介されている）

〈次頁写真　久伝「中段の構」〉

「**横面打**」

敵が今や打ちこまんとする気合を先し、右足前、左足後方に飛び開くと同時に敵の横面または首筋に八相に切り下げる。従来の剣道と異なり、體《たい》を横に大きく開くところを本流の特長とす」

〈次頁写真　久伝「横面打」〉

「**籠手打**」

敵が打ち込まんとするを先し、あるいは隙をみせて誘ひ込み、素早く體を左に大きく開きて敵の籠手を斬る。当てるに非ずして大地まで徹《とお》る精神で斬るを要す」

〈69頁写真　久伝「籠手打」〉

「**胴打**」

敵が正面より斬り下ろさんとする瞬間に體を左前に飛び開き、體を低く前進して、敵の胴を斬る」

〈69頁写真　久伝「胴打」〉

なお、久師範には、戦後、剣道家と合気二刀剣で試合して勝利した武勇伝がある。筆者は久師範から、武田先師よりこの様な合気二刀剣術、合気棒術の技を習ったと、身振りを交えてお教えいただいた事がある。

中段の構

左の人物が、左足を前にとる独特な中段の構えをみせている。この構えは奥山龍峰師範の八光流を通じて一部に知られるところであるが、すでに戦前より久師範によって公開されていたわけである。

横面打

「横面打」とあるが、写真は首筋への袈裟斬りとみえる（右：仕太刀人物）。理合は同じであり、体を大きく捌く合気剣術の特長をよくあらわしているが、相手の起こりを抑える先々の先で入るのが特徴的。

籠手打

横面打に通じるが、左足前に体を開いている。ここでは先の先と後の先の活用を説く。「大地まで通る精神で」は、風雲急を告げる当時の時代背景をも反映してのことだろう。

胴打

打太刀とすれ違いざまに胴を薙ぐ技法。同様な体捌きをする技法が小野派一刀流の極意の形「払捨刀」の中にも、同流の剣道必勝六十六手の中にも「抜胴（払捨）」としてある。それを採用したかとも思われるが、何れも上から下か、横に払う技法であり、大東流の下から掬い斬る技法ではない。

植芝盛平師範伝の合気剣術

植芝師範が著書『武道』に残した剣術技法もまた、合気剣術の特色を如実にあらわしている。従来、この剣術における植芝師範の体捌きが、あの合気道の大きな体捌きへ通じていると指摘される向きもあるが、今回の考察を考え合わせる限りにおいては、それも武田惣角師範が伝えた大東流の一つの展開とも見ることができるのだろうか。

2 植芝盛平師範『武道』

植芝盛平師範は、昭和13年の著書『武道』において、武田先師伝来の技法を残す剣術4本の技法を解説している（うち一本は写真がない）。

演武者は植芝盛平師範と、若き日の植芝吉祥丸師範である。

1、籠手

仕　気勢を以て籠手を導く

受　籠手を斬る

仕　體を左に持しつつ籠手を斬る

〈次頁写真　植芝伝「籠手」〉

2、面

仕　気勢を以て敵の右手を導く

受　正面を斬る

仕　右に入身転化を行ひつつ面を斬る

〈72頁写真　植芝伝「面」〉

籠手

「気勢を以て籠手を導く」とは、次の「面」と同じなので、相手の籠手打に対する後の先の技法をここでは指している。相手のほぼ真横へ90度の角度で入身しての打突。

1

2

面

これも理合としては前項の「籠手」とまったく同じ。本文にて後述されているが、相手と並ぶほどの入身の妙は植芝師範の理合の正しさ、高い技量を物語る。

1

2

植芝師範が著した『武道』昭和13年初版の表紙

3、
仕　気勢を以て正面を導く
受　正面を斬る
仕　入身に入りつつ面を斬る
我敵を斬り、敵の刀我に当たざるの理は口授す

4、突
仕　前に同じ
受　正面を斬る
仕　入身に入りつつ刀刃を上にして胸を右突き
直に面を斬り、さらに突く（独特の逆刃突きである。）
〈次頁写真　植芝伝「突」〉

1

2

3

4

突

誰もが思うこととして、この後半、特に3の写真を見る限り、この写真が構成ミスで「突」に配されてしまったのではないかとも思われるのだが……。構成としてはたしかに「突」技法の一部として解説が付されている。なお、海外用の英語版では「突き」の動作に対して「thrust」が使われており、これには「力強く素早く押す」意もあるが、写真4を見る限り、突くというよりも相手の手元を抑える技法を思わせる。

富木謙治師範伝の合気剣術

柔道と合気道との優位・欠点を整理し、後に独自の道を歩んだ富木師範は、大東流も自ら深く研究しており、その成果を講道館護身術や軍関係の教材に生かしている。師範の残した剣術にもその成果があらわれているものと思われる。

3 富木謙治師範編『體術教程』

植芝師範の戦前の著名門下である富木謙治師範編の陸軍憲兵『體術教程』（昭和17年）には、合気刀術として4本の剣術が写真入りで紹介され、その後に「連続斬突」という、第一動から七動まで続く複雑な型が写真無く紹介されている。

その後に、「異種白兵（銃剣体刀）」として、銃剣の攻撃に対し剣術で対応し、ただ斬突だけで終了するのでなく、柔術的に敵を制圧する技法が写真入りで三本紹介されているのは貴重である。演武者は憲兵学校の教官であろう。

その三本目「前臂斬撃」を紹介する（原文の漢字カタカナ書きを漢字平かな書きに改めてある）。

第二百九十一　前臂斬撃（第六十六図）
第一動　左逆半身中段の構にて共に前進す
第二動　習技者、気勢を以て正面斬撃に導き、教官

前臂斬撃

ここでも左足前中段の構えと技法が紹介されている。

斬撃せんとするや体を大きく左に転じつつ教官の右前臂を斬撃す

第三動　正面斬撃第三動に同じ

〈前頁写真　富木伝「前臂斬撃」〉

○大東流合気剣術の風格を写す植芝師範の演武

以上の三書のうち、なによりも解説文の勝《すぐ》れているのは久師範の本で、大東流合気剣術の特長を、実に的確、明瞭に表現している。

久師範の解説をよく読んだ上で、植芝盛平師範の〈植芝伝籠手〉と、大東流剣道之型〈久伝籠手打〉と、合気刀術〈富木伝前臂斬撃〉をよく比較してみよう。植芝盛平師範の足の位置が敵の真横になるほど、如何に深く入身しているかが分かる。さすが、これこそ、大東流合気剣術の独特の歩法の体現である。

以上の大東流合気剣術の特長ある技法は、戦後では、昭和38年の塩田剛三師範による『合気道の楽しみかた』の剣術中によく残っている。

つまり、戦前植芝師範から指導を受けた、久琢磨師範、富木謙治師範、塩田剛三師範らは、大東流合気剣術の伝承を色濃く残していたのである。

4　奥山龍峰師範伝大東流合気剣術

奥山龍峰師範は、左足前の左中段の構えの優位性とその秘訣を、『皇民武道秘伝』で簡明に紹介している。しかし、終戦も間近の戦中の事で発刊には至らなかったという。

八光流武道宗家奥山龍峰著

『皇民武道秘伝（仮刷）』

八光流皇武塾

「一、日本刀の使ひ方

2、抜き身の使ひ方

鞘を払った白刃の場合は刀尖の駆引により何人と雖《いえど》も無造作に斬殺することができる。

例えば刀を正眼に構えた場合、刀尖を一尺下に降ろし刃先を左横に向け、そのまま、右下に弧を描く

新たに「護身道八光流柔術」を標榜し、独自の道を歩んだ奥山龍峰師範による、八光流剣術「左中段の構え」（同流会報より）。奥山師範には、この刀法を伝授した剣道家が、試合においてその効果をいかんなく発揮したという逸話もある。

ようにして右後から廻転、大上段に振り冠り、その反動を以て頭上から唐竹割に斬り下ろすか、または袈裟がけに行なうのである。

あるいは、振り冠らずに、刀尖を敵の咽喉部につくる場合も、また我が左か右の胸部につけて立てる場合も左足を先頭にして左斜身となり、斬り下ろす刹那、右足一歩踏み出すのである。

以上の刀法は、電光石火ともいふべき速剣必殺の秘訣である。

註　1、正眼の構

正眼とは刀尖を敵の咽喉部につける構え方である。

2、三方斬のこと

左正眼に構え右足一歩踏み込むと同時に前敵を唐竹割となし、さらに、右足左後に退き、右横敵を真一文字となし、さらに、足はそのまま体を後に躱はし、後敵を頭から斬り降ろす」

〈上掲写真　奥山伝「左中段の構え」〉

第二節 戦後に発表された大東流合気剣術

塩田剛三師範伝の合気剣術

植芝盛平師範門下の中でも「実戦の雄」として折り紙のつく塩田剛三師範ではあるが、剣術に関してはあまり直接的な指導をされなかったと聞かれる。しかし、この『合気道の楽しみ方』では剣術技法が数頁にわたって解説されている。塩田師範ご自身は植芝師範の戦前からの弟子であるが、戦後十数年を経た当時、合気剣術の貴重な特色を伝える意味でも、非常に貴重なものと思われる（なお、本文中の⑤に対応する写真は誌面の都合から今回は割愛いたしました）。

5 塩田剛三師範伝

塩田師範は、昭和38年の著書『合気道の楽しみ方』の中で、「剣の操法」として7種の合気剣術を8枚の写真で発表されている。

大きく鮮明な写真ではないが、躍動感のみなぎる写真からは合気剣術の匂いが溢れる。簡単な解説であるが、拍子に合わせ、あるいは、拍子を外して、半身に体を開きつつ打ち、突く大東流合気剣術の特色を巧みに説き明かしている点で、示唆に富む演武と解説である。

「3　剣操法

合気における剣の操法では、気の起こり、気の流れを自分の動きに一致させます。

① 正面を打ち込んできたとき、右前に体を開き横面を打つ。

② あるいは、左前方に体を開き胴を切る。

1

2

3

4

5

6

③ 相手が振りかぶると同時に一歩踏み込み、みぞおちを突く。

④ 同じく振りかぶったと同時にのどを突く。この時、③④とも半身の体をもって行うことによって、たとえ相手が剣を振りおろしても身体には触れない

⑤ 相手が剣を振りかぶったとき、すでに体は左前に開き始め、打ちおろしたときには胴を切り払って次への残心を整える（写真割愛：編註）。

⑥ 相手が剣を振りかぶる前に一歩踏み込み、小手を切る。

⑦ 打とうとするときに自分の前に剣が差し出されると、振りおろせなくなる。まして、その剣が急所に打ち込まれた場合は、それで技がきまる。

〈前頁写真　塩田伝「合気剣術」〉

6 斉藤守弘師範による植芝伝「合気剣」について

近年、合気道では、植芝盛平師範伝の剣術、棒術を斉藤守弘師範が伝えておられたのが有名である。『合気道―剣・杖・体術の理合―第二巻』（昭和49年、港リサーチ〈以下、斉藤本とする〉）には「組太刀は、開祖が古流の太刀を基に合気の原理を加え、残されたものである」として、基本の組太刀六本とその変化が紹介されている。

この戦後の「合気剣術」が、古武道の源流の一つであり、五百年を越える長い伝承を持つ鹿島新當流の影響下に成立したものである事は、少し古武道に興味ある者にとっては、すぐ気がつく事であり、戦前の『武道』の大東流合気剣術そのままの技法からの変遷が興味深い事になる。

○その経緯

まず、その経緯について簡単に触れておこう。

講道館柔道の嘉納治五郎師範は、本来徒手空拳である柔道の完成を期し、大正末期頃から、柔道に不足する所を古武道から補おうとされた。昭和3年には講道館内に古武道研究会を設立。嘉納師範が補お

うとしたのは、主として3つあった。

その一が当身技であり、そこでは空手が研究対象の一つとなった。松涛館空手道の開祖と仰がれる船越義珍師範との交流があった事は、空手道界では広く知られる事である。

その二が柔道に採用されなかった関節技であり、古流柔術が研究の対象となった。そのため、柔道大会等のおりに古流柔術の演武もよく披露された。

例えば、昭和16年の「柔道」五月号の柔道大会の紹介記事中に、柔術諸流演武として、戸塚派楊心流、一角流十手術、一達流捕縄術、為我《いが》流、気楽流、眞陰流、双水執流、力信流、柳剛流居合術、霞新流、眞貫流、眞神道流、四天流、無双流、楊心流、天神真楊流、合気武道、竹内三統流、起倒流などが写真入りで紹介されている。

その路線上に、当時、大東流を演武した植芝師範への嘉納師範の讃辞があり、研究のため植芝師範に入門させた講道館の門人の一人が望月稔師範であった。また、関東憲兵隊師範であった富木謙二師範（当時柔道五段）が、「柔道」誌上に「柔道の将来と合気武道」などの論文を載せている。

その三が武器術であり、特に棒術が重視され、香取神道流、八幡流、神道夢想流、鹿島新當流などが研究されていた。この時、講道館に指導に来た鹿島新當流の門人が、帰りに植芝道場に寄り、少年であった植芝吉祥丸師範に鹿島新當流剣術を指導した。後には、植芝師範自身、鹿島新當流に入門し、初伝たる十二本の面《おもて》ノ太刀までを修得されたと、先代の鹿島新當流の宗家、吉川浩一郎師範は、合気ニュース主催の第三回友好演武会で言われた。

即ち、戦後の植芝師範伝来・斉藤守弘師範顕彰の合気剣は、この鹿島新當流の面ノ太刀の影響が強く見られるものである。

○鹿島新當流剣術と植芝伝「合気剣」

次に、鹿島新當流剣術と斉藤師範の植芝伝「合気剣」とを比較観察してみよう。

幸いな事に、鹿島新當流については碩学渡辺一郎先生が、幕末の鹿島新當流の門人大月関平が著した秘伝書『鹿島新當流兵法自観照』を、平成二年に『武道伝書聚英第十一集』として翻刻されてあるので、それを参考にして、観察を加える事ができた。

最も明確に両者の関係がわかるのは、鹿島新當流の面《おもて》ノ太刀（初伝の剣の意）の一本目「一ノ太刀」と、「合気剣術」の一本目「一之太刀」の比較である。

細部において想定や技法内容の相違があるが、ほとんど同じ内容の技法動作と順番で成立している事が一見して分かる。

しかし、大きい違いもある。さきの友好演武会における鹿島新當流宗家吉川師範の解説と、斉藤本の解説によれば、鹿島新當流の最初の、打太刀が上段に斬り掛かる時、仕太刀が左前方に開き出て、額前に剣を振りかぶるようにして打太刀の右内小手を掬い斬りにする独特の技法（鹿島新當流の写真4）を、植芝伝では、ほぼ同じ動作ながら、仕太刀が誘いの気持ちで上段に振りかぶると、打太刀が斜めに仕太刀の胸を斬り上げるので、仕太刀は一歩後退してうちおろす、となっている（斉藤伝の写真3〜5）。

また、鹿島新當流での打太刀（攻撃を仕掛ける側）は、植芝伝では仕太刀（最終的に勝つ側）となっている。鹿島新當流の形では最後に仕太刀（写真左の人物）の巴《ともえ》（交差する形）の受け流しから（鹿島新當流の写真6）上段への越懸けて（相手の太刀を乗り越えて）の打ちで敗れる打太刀が、植芝伝では、反対に、上段への打ちを独特の丹田まで打ち落とす太刀で勝利する形となっている（斉藤伝の写真8。左の斉藤師範が勝っている）。

斉藤伝の一から五之太刀まで、最後の極めは全て同じで、斉藤師範はビデオ「合気剣特別講座」（合気ニュース）の解説で「合気の組太刀は全部、臍《へそ》の高さ、剣は水平の位置にて勝負を極めます。一の素振りは重要な合気の組太刀の極めの形」と述べておられる。

この打ち方は独特のようであるが、『鹿島新當流兵法自観照』剣術面伝法八箇太刀の一ノ太刀の解説に「太刀の納《おさま》る処は、いつもと水落《みぞおち》と云々」との教えに

鹿島新當流剣術との比較検討

流の影響を如実に見てとることができる。合気剣術を研究する上で、この点も留意し、検討する必要が大いにあるだろう。
ここで試みに比較観察した鹿島新當流の面ノ太刀「一ノ太刀」と、斉藤師範演じるところの植芝伝「合気剣」を見れば、その影響は明らかであろう（互いに対応する演武者は左右逆となっています。吉川常隆師範一門による演武画像から御協力をいただきました）。

鹿島新當流・面ノ太刀「一ノ太刀」

間を詰める打太刀（右）に対して仕太刀（左）は右足を一歩進めて剣を合わせる（①〜②）。一歩退いて八双に構えた打太刀が斬り込むところ、仕太刀は斜め左前方へ踏み出しつつ打太刀の右拳裏を斬り上げる（③〜④）。さらに退きながら打太刀が下段から斬り上げるのを、仕太刀は腕を縮めて抑え（⑤〜⑥）、打太刀が身を転じて上段へ斬り込むのを、仕太刀も右へ転じて上段から打太刀の剣を越して勝つ（⑦〜⑧）。

斉藤守弘師範による植芝伝「合気剣」と

戦前より武器術、特に剣術には並々ならぬ関心と意欲をみせた植芝盛平師範は、いくつかの古流剣術をも学び、修得しようとした。下条小三郎師範についた柳生新陰流や吉川浩一郎宗家に師事した鹿島新當流などが有名だが、戦中から戦後にかけてその拠点とした茨城県岩間では、これら修得した剣技をも含めた集大成が図られたものと思われる。

岩間の地で植芝師範より剣・杖の技術をも修得された斉藤守弘師範は、後に『合気道—剣・杖・体術の理合—』を著し、その貴重な技術を公開された。そこには、戦前とは違い、特に鹿島新當

斉藤師範による植芝伝「合気剣」

（同書では左方を「受太刀」として勝者側、右方を「打太刀」として敗者側としている）受太刀は右半身、打太刀は相半身の構え。受が誘いの気持ちで振りかぶるところへ、打は下から斜めに斬り上げ、剣先が胸元へ届くように伸ばす（①〜②）。受が一歩さがって打ち下ろすと、打は左足から出て右足を引きつけつつ、剣を上段へ、そこから大きく左前方へ体を開いて打が打ち込むと、受は即突きの態勢で斬り下ろすように受ける（③〜⑤）。打が連続して打ち込んでくるので、受は一重身となってこれを斬り抑えつつ剣先を相手の胸へ突き入れる（⑥〜⑧）。

鹿島新當流剣術技法に見られる、合気剣術と共通した特徴

右写真は同流で「縛に留める」といわれる、相手の剣に粘るように自らの剣を付けて、体を密着させながら動きを封じる技法。左写真は相手の斬り込みに対してほぼ脇へ接するほどに入身したところ。こうした交錯から左右へ転換しつつ攻防を行う体遣いが、同流の形には多く見られる。いずれも、大東流合気剣術にも共通して見られる技法であり、伝統的な古流剣術の色彩を感じさせる

基づくものであろう。なお、この打ちは柳生新陰流の転《まろばし》打ちにも似ている。

鹿島新當流剣術の特色を、古武道大会やビデオで拝見したところから、極く簡単に述べると次の３つになる。

①形は、香取神道流とも共通で、攻防の遣り取りが長く続く複雑な形である。

②「縛《ばく》」という、接近して、我と敵との太刀をくっつけたままでの攻防が多い。

③巴、霞の太刀等という、左右に敵の太刀を受け流しつつ、左右に体を転換して敵を攻撃する技法が多い。これらは、植芝伝合気剣にも共通して見られることである。

すると、植芝師範は大東流合気剣術を捨てて、鹿島新當流に基づき新たに合気剣を編纂したのであろうか。

そこで、この鹿島新當流と合気剣の特徴を子細に見てみよう。

②の「縛」の事に関して言えば、この技法と同様

なものは、「続飯付《そくいづけ》」と呼ばれ、そもそも古流諸流にあったものである。武田先師の大東流の合気柔術、合気剣術ではこれを「粘《ねば》り付く」という、「合気」の中に含まれる重要な技法として存在した。敵の攻撃を受ける場合は、敵の打撃を只、打ち払い外すのではなく、打ち払い外してそのまま粘ってくっつき、敵を崩す事に繋げる技法であり、敵を打撃する場合は、打突してそのまま敵に粘り付き、さらに敵を崩す事に繋げる技法である。

③の「巴、霞」に関して言えば、真正面からでなく、左右に体を入身転換しての攻撃は最も大東流の得意とする所であり、すでに、植芝伝『武道』の「2、面」で見られた技法がこれに相当する。左右に入身転換する体捌きは大東流の基本中の基本である。

子細に見ると、鹿島新當流では、巴の受け流しで、敵に向かって左から右に転換する時、「左足の盗込」という、左足を僅かに右方に出してから、右足を大きく右方に踏み込む技法が使われるが（鹿島新當流の写真7）、植芝伝では、同様の時、大東流で普通に使われる、右足から大きく右方に出て左足を転換する体捌きが使われている。

つまり、①の「攻防の遣り取りが長く続く複雑な形」のみが大東流に見られない点である。

大東流は、空手道風に言えば「一本組手」、中国武術風に言えば「単式」攻防で、一打一突で勝負を決める技法が中心となっている。鹿島新當流の形は、空手道風に言えば「三本組手」、中国武術風に言えば「複式」攻防であり、攻防の遣り取りが長く続く。

ところで、合気に含まれる「粘る」技法は、単式の攻防では粘りが切れて、なかなか練習がし難い面がある。

そこで、鹿島新當流の「複式」の形に大東流合気剣術独特の「単式」の剣捌き、体捌きの技法を組み込んで、大東流の粘り打ち、粘り受けの練習法を確立せんとしたのが、戦後誕生した植芝伝「合気剣」と考える。

因みに、富木謙治師範の体術教程にも連続する技法が見られるので、植芝師範の研究は、戦前に鹿島新當流の剣術を修業した時点から始まっていたと思われる。

佐川幸義先生伝

第三章

大東流合気剣術概説

第一節

見聞体験！佐川伝合気剣術

大東流合気剣術と佐川伝

武田先師は、旧会津藩士の小野派一刀流師範、渋谷東馬に教えを受けたのを手始めに、剣術の修行を開始し、ちょうど江戸時代の武士の廻国《かいこく》剣術武者修業のように、各地を巡り武者修行を続けたらしい。その修業は直心影流、鏡心明智流、二刀流等、多くの流派に渡り、試合の内に相手の得意の技を打ち破りつつ、諸流派の極意を体得し、精粋を吸収していったようだ。

敵のどんな撃ちにも対応し打ち落とせる直心影流の秘伝の技、小野派一刀流の「引き小手」を破る技、柳剛流が得意とする足払いを破る技、宝蔵院流槍術に対する入身技等々、佐川先生が武田先師から修得された技の中にはこのような、武田先師が試合の結果、文字通り体を張って手中に納めたと思われる貴重な技が含まれている。

故に、武田先師の剣術は、ある古流剣術一流派だけの色彩を強く残しているものではない。一流一派の教えに偏せず、身を以て体得した諸流の極意を独創的に総合した独自の風格を備えた剣術を作り上げられた。これを合気剣術と呼ぶ。しかし、武田先師は、剣術においては、合気柔術の様に確たる体系を構築するまでには至らなかった。

武田先師に剣術の教えまで受けた門人は多くはないが、体系の無い武田先師の剣術を吸収するのは困難であったろう。

吉田幸太郎師範は巻物「大東流剣術秘伝」を残された。写真で公開された事のある、極真会館の大山倍達師範宛のステッキ術の伝書の形態から見て、恐らくは数十本の技法に体系化されたに違いないが、現在日本に伝承する人を聞かないのが惜しまれる。植芝盛平師範は、鹿島新當流の剣術家を教師として招

普段着のまま剣術の技法を示す、在りし日の佐川幸義先生。（打太刀：矢島啓幸師範）

聘し、その型を習い、新たに形を創り、その欠けたるを補った。武田先師最晩年の弟子、山本角義師範は、習った技法をそのままに残され、その一部が映像でも残されているのは貴重である。武田先師のご子息、武田時宗師範は、武田先師が最初に修行したとされる、小野派一刀流の形（ただし津軽伝であるが）を新たに導入して、武田先師の足跡を辿って、研究を重ねる苦心をされた。

しかし、佐川先生の場合は、幼時から修行されていた小野派一刀流、甲源一刀流という素地があった。これに加えて、少年期に武田先師から地稽古の教授を受け、実戦的な剣術の技の基礎を作られた。その上に、武田先師より、独自の風格溢れる剣術の、実戦における様々な技を、吸収、体得されていった。こうして剣術においても、先生の天賦の才は、磨きに磨かれていったことは想像に難くない。かてて加えて、合気之術に対する先生の不断の研究が加わり、先生により古今独歩、独自の体系と風格とを兼ね備えた、独創的な合気剣術の体系を完成された。

誠に残念ながら、筆者などは、正式には合気剣術は教えていただいていない。剣術の最も基本である、基本修法の二十数本の基礎を習ったに過ぎない。その上の段階に至り、初めて合気剣術の教授を受けることができる。

もっとも、その他に、竹刀による地稽古の手約80手、先生が合気之術を加味されて改良され、本来のものとは全く面目を一新され、「合気甲源一刀流」と自負されていた、貴重な甲源一刀流の形二十数本を習えた。その後、もはや習えないと思っていた合気二刀術を十元の講習時に、ほんの基本ではあったが習えたのは、思いも掛けない事であり、過ぎたる幸運であった。また折々には、実戦における技法、心得などを、何回となく御教えいただいている。

合気剣術の正式な教伝を受けていないのが残念であるが、先生が剣術を使われれば、それは即ち、合気剣術となってしまう。だから、合気剣術の多くの教伝を受けていると言えないこともない。

私自身は古武道大会などで多くの古流剣術を見てきているが、それらとは異なった独特の風格を持つ先生の合気剣術のほんの一端も、技能の低い我々にはお伝えできない。我々のお伝えできるのは、ほんの真似事に過ぎない。そこで先生伝来の技法を実際に表現できないのを補うために、折々に書き留めた、先生の技法の見聞体験記の一部を以下にご紹介したい。

○合気剣術

合気之術の理論に基づき
先生が独創的に構築された
剣術の技法体系

［剣による合気投。敵体に触れずに相手を投げる］

まず、古今独歩、前人未到の合気剣術の神技、剣による合気投について御紹介しよう。その最初の強烈な体験は、二元の講習に続いて、剣術の最基本である、基本修法、あるいは剣術基本を習った折であった。

先生の木刀の太刀先が、私の中段の太刀先に触れて、一足一刀の間合いになったかと思うと、スルスルッと先生の剣先が伸びてきて、物打一杯まで近付いたかと思った時には、手にも足にも触れることなく、私は仰向けに倒れていた。

これこそ、剣に合気して、敵に触れずに投げ倒す「剣による合気投」である。

この他、先生に対するや、スルスルッと先生が近付いて来て、鍔摺りとなるや、手も足も触れずに合気投にされたり、合気柔術を加味されて逆極めにされたりした。しかし、その剣の合気投の際の、先生の剣の当たりの柔らかさは実に不思議であった。考えて見ればこれらの技も、先生のみができる前人未到の神技であるが、前述の物打ちの合気投のあまりの凄さに、そのことに暫く気付かなかった程である。

［剣の合気は体が崩れる。払いで回り、摺上げで浮き、抑えで動けぬ敵］

基本修法では、払い、摺上《すりあ》げ、打落とし、巻落とし、抑え等の基本的な防御技を習う。これらの、防御技は、一般の剣道と共通のものであるが、基本修法では独特の「体捌」のもとに、これらを行う。即ち、防御技により「剣の用」を、同時に体捌きにより「剣の体」を修練していくわけである。これに振棒《ふりぼう》などの鍛錬が加われば、体用兼備、手の内も養成され、格段の効果をもたらし、合気剣術の修行のために必要な、最基本を修行する事となる。

ところで、一般剣道でも、この防御技により相手の剣を制するのみならず、体をも崩すことが理想となっている。しかし、それはあくまでも理想であり、実際は敵の剣のみを捌いているに過ぎない。私自身、本当に相手の体まで崩せる人に、それまで会った事も、見た事も、聞いた事も無かったし、剣道の専門家である兄弟弟子たちも見た事も、聞いた事も無いという。近代において鞍馬流の「巻落とし」が、敵の剣を巻落とすのみならず、体まで崩してしまうので有名になったのは、そのような「体まで崩す技」が、世に稀有であったからである。

ところが先生の場合は、剣の合気によって、巻落としだけでなく、これらの防御技の全てで、敵の剣のみならず、その体をも崩してしまわれるのである。

幻の佐川幸義師範の神技

筆者が秘蔵する佐川幸義先生の貴重な武器技法の連続写真を特別に公開する。写真は雑誌の取材時に別撮りされたもので、佐川師範80歳時の神技である。

合気二刀剣術「正面打抑え首斬り変化合気投」

敵剣の正面打を左小太刀で粘り抑え敵を崩すや、右太刀で首斬る合気二刀剣秘伝の一手より、変化して、極意の一手である木刀の打ちによる合気投を示範された。

勿論、二刀剣術としては、首斬りで完結するが、その上の極意の合気投を示されたもの。

1

2

3

合気小太刀術「対槍術　投げ破り」

敵槍の上段突きをスレスレにかわすや、小太刀で抑えつつ左足出て左手で敵槍柄を掴み返して敵体を崩し、投げ倒して小太刀で極め打ち。体を開いて残心。

4

5

合気槍術対剣術　正面打抑え突き」

正面打に来る剣を槍で粘り抑えて敵体を居着かせ（これぞ先生の秘技「合気封刀」）、直ちに、敵上段を突く、合気槍術の極意の一手（最後の写真は突いて槍を手元へ引き戻したところ）。

4

5

合気槍術「突き裏払い突き」

敵の中段の槍を下段の槍で裏より左方に払い、粘り抑え敵体を崩すや、直ちに、敵の上段を突く、合気槍術基本の一手。

1

2

3

佐川先生による合気剣術「払い流し受け」

刀の峰を使って相手の打ち込みを流す、合気剣術の基本的な技法の一つを示範。

4

5

合気二刀剣術「正面打裏抑え首斬り変化合気投」

敵剣の正面打を同時に二刀で粘り抑え、首斬る合気二刀剣術基本より、変化して、木刀の打ちによる合気投を示されたもの。

4

5

即ち、先生に払われると、私の体は回転して崩されてしまうし、摺上げでは前上方に爪先立って浮き崩れ、摺流しでは前方にタタラを踏み、抑えでは剣を抑えられただけで足が居着いて、体が動けなくなってしまう。打落としでは、剣を打落としてその勢いを剃ぐだけではなく、合気の集中力によって、いくら強く剣を把握していても、剣を打落とされてしまう。

こうして「剣の合気」により、敵体を崩してしまえば、後の極めは自由自在である。これは、私の様に高校で少々剣道をかじった程度の者だから利くというわけではない。一般の門人が剣道で体当りをしてもビクともしない様な、剣道五段、六段という猛者の門人でも、先生にかかったら体を崩されること、全く赤子と同じことである。

[音無し勝負]

先生に斬り掛かると、右で受けたと思うと、次の瞬間には、左から先生の剣が飛んで来て斬られるそのスピードは、驚異の一語に尽きる。しかし、そんなのは未だ序の口である。斬り掛かり、突き掛かると、剣が正に先生の身体に触れる瞬前に、先生の体はそこから消える、我が剣は、むなしく空間を斬り、突くばかりで、その時すでに左右、あるいは直前、または後方に現れた先生により、自在に斬られてしまっている。勿論、先生から先をとり、攻撃して来るも自在で、中段で先生に対した瞬間に、左右どちらからでも、先生の剣が飛んで来て斬られてしまう。

とにかく、実際の先生の剣は、相手の剣を払う、摺上げ、打落とし、抑えなどの、余計な動きをせずに、直接我が体に到達し、制圧している。剣同士が触れもしないから、カツカツというような、音もしない。これこそ音無しの勝負だ。

[消える体と小さい体捌き]

先生に斬り掛かると先生の身体が消えてしまう事を書いたが、他者との稽古を横より拝見していると、相手にとっては確かに瞬間に消えてしまう先生の体が、実はそれほど大きく動いていないのは非常に不思議だ。先生の小さい動きが、相手には先生が消える程の大きい効果をもたらす。間合いや、攻撃の角度の見切りなどのほか、そこまで到達するための体捌きとか、剣捌きなど、大変な技術を要するものらしい。

［**小さい剣捌きと大きい効果**］

小さい動きと大きい効果と言えば、前述した先生の払い、摺り等の防御技は全て、僅かな動きで敵の体を崩すという、大きい効果を生み出す。これは、斬る、突く等の攻撃技においても同様で、合気の集中力を以て、斬り、突き出される剣は、鋭く、小さい動きながら、風を斬り、大きな爆発を感じるスピードで、相手を圧倒せずにはおかない、大きい効果を発揮される。

［**頭髪をフワッと分ける恐怖の剣風**］

先生の斬り出される剣は、正面打なら頭髪を剣風がフワッと分ける程に、胸突きなら道衣に触れる程に、スレスレに飛んでくるので、ゾーッとして背筋が寒くなる恐怖感を味わう。しかし驚異的な手の内の働きにより、決して当ることはなく、絶対に安全である。それが分かっていながら、先生の剣風に接するたびに、いつも新たな恐怖感を味わう。

［**近い間合いから、打たれる剣の大きい動作**］

先生の剣は、常に小さいわけではない。必要があれば、即大きい動作にも変化される。先生に斬り掛かると、瞬間に先生の体が消えて、我が体の側方スレスレに、入身されることがある。あまりに近い距離なので、長い剣を持っている相手は瞬間には動きがとれない。正に、剣術の極意、「敵よりは遠く、我よりは近く」の体現である。

この非常な近間から、先生が面、小手等に打出される剣は、十分に大上段に振りかぶり、なにものをも一刀両断にせずにはおかないという迫力溢れるものである。どうして、あのような近間から、あのような大きい動作で剣が斬り下ろせるのか、何回拝見していても良く分からない、不思議なことである。

○**神技、合気二刀術**

合気之術の高度な理論に基づき、
先生が構築、完成された二刀術の技法体系

［**攻防一体、大東流二刀術**］

二刀術は、宮本武蔵が有名だが、現在でも、古武道として、幾つかの流派に残っている。二刀術の基本は、一刀で敵の刀を防御して、他の刀で敵を攻撃するという方法である。この攻防の連係動作はどうしても、一で受け、二で斬るという、二拍子の技となりがちである。

これに対して、武田先師は二刀術について、「太鼓を打つのではないから二刀一緒に打つ」と言われた。二刀を同時に打ちだすという点、即ち、攻防一致という点に、それまでの古武道諸流に見られた二刀術からの発展が見られる。

［攻防一体を超越した、先生の合気二刀術］

勿論、先生の合気二刀術は、この攻防一体を基調とされている。しかし、先生の合気二刀術は、その段階をさらに超越した段階に到達されている。それは、先生が合気之術を発展、高揚されたために、すでに攻防一体にこだわる必要が無い、さらに高い次元の境地に立たれているからと思われる。

敵が剣で斬り掛かるや、敵の剣を一刀で制しつつ、同時に一刀で敵を斬る。いわば、これが武田先師の攻防一体の二刀術の段階である。この二刀術さえ、他の大東流諸派にはないようだ。ところが、先生の場合は、これが、敵の攻撃の先後に関わらず、左右上下から自由自在に斬り止められてしまう。ところがこれでも、先生の合気二刀術で言えばまだ初伝の段階である。

［神技、合気二刀術奥儀］

先生の合気二刀術の高度な段階に至れば、敵の剣の攻撃を一刀で受ければ、その刀の合気により敵の体は崩れてしまう。敵を既に死に体にしているため、瞬後に、あるいは、より間を空けて他の刀で斬るも、突くも、あるいは剣の柄を敵体に当てて合気投にするも、あるいは敵剣の動きを剣の合気により封じながら、入身して合気柔術を加味し、敵体を倒れに倒れぬ様に合気極めに固めておいて、剣の柄先で敵の顔面に当身するも自由自在である。

これこそ、二刀による攻防一体の境地を超越された、より高次元な合気二刀術である。あまりに素晴らしい技であり、神技とか、絶技とか言う言葉でしか形容できないのがもどかしいくらいである。

第二節　佐川伝大東流合気剣術の技法体系

佐川先生愛用の振り棒、木刀と、合気剣術中伝以上で使用するために準備された袋竹刀（真ん中の鍔付き木刀は比較のために置いたものである）

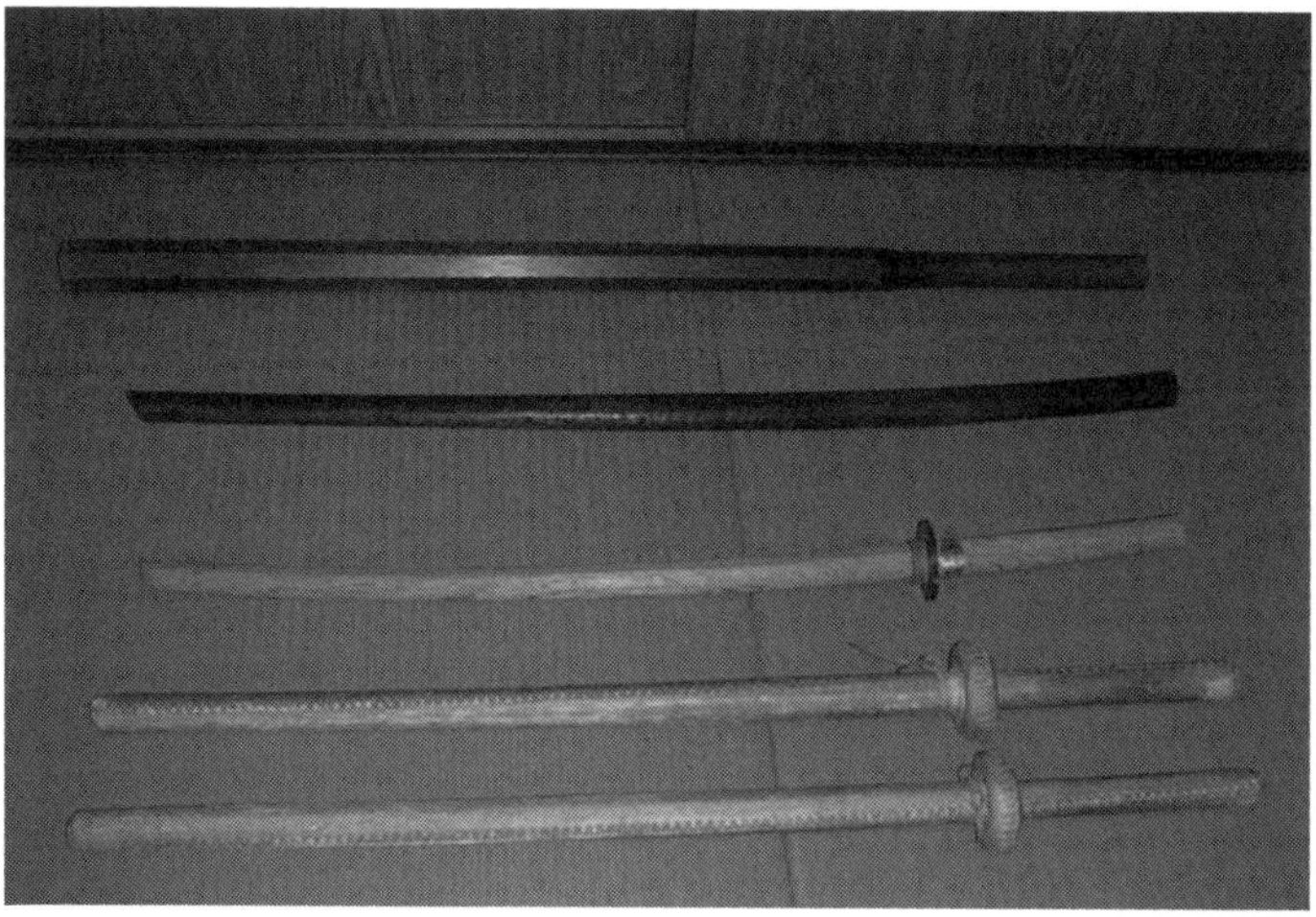

天才のまとめた剣術体系

佐川幸義先生は幼少の砌《みぎり》に武田先師より、防具を着けて大東流合気剣術の地稽古を受け、成人してからは講習の折々に大東流合気剣術を習われた。それを基にして、大東流合気剣術の体系を新たに編まれた。

昭和20年代頃の先生の構想では、先ず防具を着けて、竹刀での地稽古を十分修練してから、次に木刀で剣術基本、合気剣術初伝を修練し、次に袋竹刀で合気剣術中伝、奥伝、秘伝と修練する予定であった。そのために袋竹刀を作られたが、合気剣術中伝以上に進み袋竹刀で練習した人がなかったと先生にお聞きした。

現在、私の道場の練習では、剣術基本、甲源一刀流に袋竹刀を使う試みを続けている。合気剣術の技法体系は、以下の通りである。

○剣術基本　27本

第二元の講習で伝授された。

まだ合気剣術の特長が薄いので、合気剣術とは呼ばない。

しかし、合気剣術から抜粋した攻防の基本技法に、大東流の歩法・体捌きの基本が含まれるので、剣道をやる人が入門してからは、技法の流出を恐れて、伝授を止められてしまったほどである。

体を養う段階である。

○合気剣術初伝　21本

ここより、合気剣術の特長的技法の練習に入る。この段階に至り、剣術基本の技法も合気剣術の意味合いを以て練習できる。先生が纏められた「即応変転」の術理が含まれてくる。

技を養う段階に入る。

○合気剣術中伝　21本

この段階は、さらに合気剣術の特長的技法が深まる。「即空制先」の術理が含まれてくる。

合気剣術初伝、中伝は昭和40年代では、それぞれ六元、八元の講習に付随して伝授された。当時の佐川道場では。田口鐵也師範のみが直伝を受けられた。筆者は田口師範より御教授をいただいた。この上に、

○合気小太刀　15本

○合気剣術奥伝　約100本

○合気剣術秘伝　約100本

○合気二刀之術　25本

があるが、残念ながら、体系的には失伝して詳細は不明である。

しかし、上記の秘太刀群の内、乗り身の太刀、他流勝ちの太刀、剣術より柔術への展開、合気二刀剣秘伝、多敵の太刀等々の極く一端を、先生より折々に、見たり、習ったりできたものだけでも120本を数える。

先生が如何に深い研究をされていたか、凡人に計り難いところである。だが、先生の教えに則り、合気剣術の欠伝を補い、整備・体系化するのは弟子に遺された務めと考えている。

○別伝　合気甲源一刀流

本来の甲源一刀流の形の中に大東流合気剣術の種々の技法を組み込んだものであり、「合気甲源一刀流」と称すべきもの。先生が残された唯一の形である。

どちらかというと、合気剣術が単発的な技法であ

佐川伝　大東流合気剣術体系

様々な武器を一つの体動で遣いこなす

柔術にとどまらぬ、佐川幸義先生伝の膨大な技法群。しかし、その一つひとつが相互に影響し合い、融合して一つの武術体系として完成されている。

まずは合気剣術の基本的な操法をご紹介しつつ、諸武術が同一の体動や理合で展開される例をいくつか見てみたい。

合気剣術初伝「首斬り」

敵の正面打と同時に、左前方に入身して体を開きつつ敵の首を斬る合気剣術基本の一手。体を開くのは合気剣術の基本の体捌き。

合気剣術初伝「片手突き」

敵の剣を払いつつ、右前方に出て、体を開いて片手太刀となり、敵の咽を突く合気剣術片手突きの基本の一手。片手打ち、片手突きは合気剣術の特長的技法。

合気二刀剣術「首斬り」

敵の正面打と同時に、左前方に入身して体を開きつつ、右剣で敵剣を粘り抑え、左剣で敵の首を斬る合気二刀剣術基本の一手。二刀とも太刀での演練をした。

合気剣術の防御の基本である「粘り抑え」から、諸術の打突への展開

合気槍術への展開

互いに、左中段より、粘り抑えて敵を崩し、上段を突く合気槍術の基本技法を繰り返し練習する。

合気棒術への展開

敵の中段の太刀を棒術で粘り抑え、敵を崩さんとする所。次ぎに合気槍術の如く、敵の上段を突く。

合気小太刀術への展開

剣の正面打に対して、小太刀で剣を粘り抑え、左手で敵肘を抑えて敵を制し、柄頭による上段当て。

合気拳法への展開

敵の左中段構えに対して、右拳で敵右手を粘り抑えつつ、入身して、左拳で上段直突き。

合気剣術の防御の基本であり、極意の「粘り付き」の基礎ともなる「粘り抑え」から、諸術への柔術的展開

「粘り着きの太刀」の秘伝（試範）

打ちに来る剣を粘り抑え、そのまま粘り付き、敵体に触れることなく投げる技の試演。もし、佐川先生なら、接近すれば、柔らかい体之合気で絶妙の投げ技に変化されるが、我々凡才なら強く体当りして敵を崩すのも効果的である。

合気柔術　締め技への展開

合気小太刀術　固め技への展開

合気棒術　投げ技への展開

合気槍術　投げ技への展開

るので、古流で云う懸待《けんたい》表裏《ひょうり》（先を取り仕掛け、敵の攻撃を待って反撃し、連続して応用変化する）の技法修練が不足する面もある。この観点から、甲源一刀流の形を見ると、連続した技の中に合気剣術の技法が豊富に盛り込まれている事が分かる。

合気剣術と甲源一刀流は、どちらも欠く事のできない、互いに補完しあう必須の関係にある。

なお、先生から甲源一刀流の形を習う前に地稽古の技約80本をみっちり習った。

表五天之太刀　5本
陣頻組之太刀　5本
残身組之太刀　5本
刃切合組之太刀　5本

以上に表裏があり合計32本。

筆者は以上を終了したとして、『甲源一刀十二ヶ条目録』『甲源一刀流目録』の伝書を頂戴した。この上に、

小太刀術　6本　表裏合計9本
奥義組　10本　表裏合計13本

がある。これらは合気剣術の奥伝、秘伝の技法が盛り込まれた文字通りの奥義組である。

若林秀治先輩、小原良雄師範、内野孝治師範の三方のみがここまでの伝授を受けた。筆者は内野師範より、相沢則行師範、矢島啓幸師範と共に、これらの奥義の組太刀の御教授を受けた。

筆者は、小太刀術までは、先生の教伝を受け、いくつもの貴重な教えを頂いた。しかし、練習日が変更となり稽古に参加できなくなった。相沢師範、矢島師範もやはり参加できなくなっていた。

すると、第2日曜日の合気左門会の終了後に、内野師範のお宅で、相沢、矢島両師範と共に、奥義組を教えて頂き、後には、内野師範の合気甲源一刀流の稽古ノートのコピーを頂けた。

第三節　佐川伝大東流の極意

大東流合気諸芸成立の考察

古来武術諸流には、流派独自の極意があった。柳生新陰流剣術では、剣対剣の術理、剣対小太刀の術理の発展的極意として、剣対徒手である無刀取りの完成があった。竹内流では、脇差《わきざし》（短剣）を使用しての攻防技術の発展的極意に、徒手で武器を持つ敵に仕掛けて、当身を多用して制圧する極意「捕手」の完成があった。

武田先師の大東流の進んだ段階にも、それら古流の極意と同様に、対武器法（短刀取、無刀取、棒取、槍取）、武器対武器法（合気二刀剣術、合気棒術、合気槍術）等の合気諸芸の極意があった。しかし、それらは、体系的に伝授される事はなく、秘傳奥儀の講習において、時に僅かずつ極意が伝授されたに過ぎなかった。

佐川先生は、幼時より修業された合気剣術と、合気柔術の原理を基礎にして、武田先師より伝授された合気諸芸の極意を加え、独自になされた諸流剣術、槍術、棒術などの研究を踏まえて、対武器法（短刀取、無刀取、棒取、槍取）、武器対武器法（合気二刀剣術、合気棒術、合気槍術）、合気拳法の体系化を完成された。

よって、大東流合気武術の体系的研究には、合気柔術のみならず、合気剣術の研究が不可欠と考える。

また筆者は、今まで、ともすればないがしろにされてきた、合気諸芸についても早い段階からの修練が必要と考え、諸芸の基本を入門段階から教授している。

第四章

大東流合気剣術

別伝 合気甲源一刀流剣術

完成された体系「大東流合気剣術」佐川先生が編んだ唯一の形「合気甲源一刀流」

本章においてはまず、大東流合気剣術の完成された体系をご紹介するため、すべてのベースとなり、最初に学んでおかなければならない「基礎教程」、そして「剣術基本」と呼んでいた27本の基本動作形、そして、佐川先生ご自身が修練された甲源一刀流剣術に、合気柔術の要素を織り込んだ、佐川先生唯一の形をご紹介してゆきたい。佐川先生はこれを「合気甲源一刀流」と名付けた。

「基礎教程」「剣術基本」は、シンプルな攻防動作の中に、単に剣を当てる、避ける……といった次元にとどまらない、合気体術の原型が、ここには包含されている。つまり、なぜ体術を会得するために剣術を学ばなければならないのか、その本当の理由は、ここまで知る事によって初めて理解できる事と思う。

「合気甲源一刀流」の体系はこのようになっている。

表五天之太刀　5本
陣頻組之太刀　5本
残身組之太刀　5本
刃切合組之太刀　5本

この上に、

小太刀術　6本　表裏合計9本
奥義組　10本　表裏合計13本

がある。ここでは「表五天之太刀」「組之太刀」「残身組之太刀」「刃切合組之太刀」「小太刀之術」をご紹介してゆきたい。(奥義組は秘伝のため本書では割愛)

武田惣角先師に佐川先生が武術の手ほどきを受け始めたのは幼少期のことだった。そしてそれは剣術であったという。

防具を着け、「ほら、お面だよ、ほら、お小手だよ…」と、噛んで含めるような指導を受けた。それは、後に修練してゆくこととなる柔術の原理を体得してゆくために、剣術がどうしても必要だったからなのではないだろうか？

大東流合気柔術が剣の理合を基にしている事はよく知られている。

まず、大東流は力のぶつかり合いによらない、ぶつかってはならない、という所に着目せねばならない。多くの場合、徒手格闘というものは取っ組み合い、力でのねじ伏せ合いになるのがいわば、常だ。現代に見られる種々の格闘技を見てもそれは明らかだ。やがて筋力の上回る側が優位を得ていく流れとなる。

しかしそれでは、自分より力の強い相手には勝てない、という事になる。ぶつかり合いでは駄目なのだ。

ぶつからない武術のいわば極みが剣術と言えるだろう。チャンバラで互いの太刀を力の限りぶつけあう戦いは、実際にやれば刀が欠けたり折れたりしまいかねない。そうなれば命取りとなる剣の戦いとは、一撃たりとも食らえない、ぶつかる事も許されない、そのために体捌きを極限まで追究する、そういう質のものだ。

大東流合気柔術の高度な体捌きは、相手の攻撃、力の影響を受けずに、つまり相手がどんなに体格が大きかろうが、攻撃力が大きかろうが、奇跡のように逆に相手を制してゆける技を実現する根拠となっている。

また、触れた瞬間に相手を制する、そういう技法の追究も大東流の大きな特徴だ。攻防動作を繰り返し、その中で相手の隙を作り、見出し、ついていく、という方法論では、動作の素早い相手には勝ち目がない。

命を懸ける武術においては、「自分より強い相手に負けるのは仕方がない」では済まされない。だからこそ奇跡のような技法に到達したのだ。

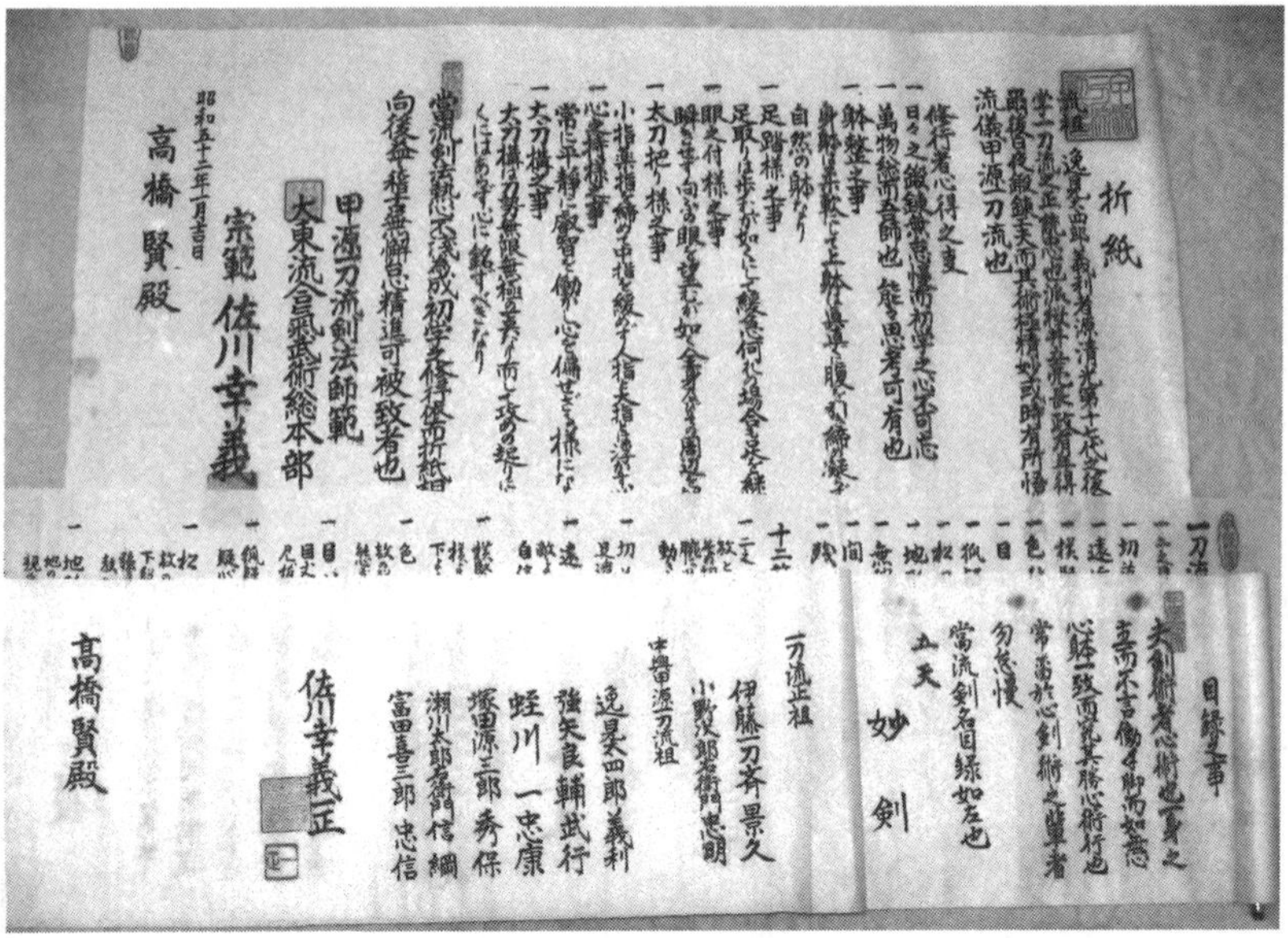

筆者が佐川先生より頂いた甲源一刀流伝書（折紙、甲源一刀十二ヶ条目録、甲源一刀流目録）

折紙

流祖　逸見太四郎義利者源清光第十七代之後裔而学一刀流之正統忠也派桜井五亮長政有年得允可爾後日夜鍛錬工夫而其術極精妙或時有所悟為稱流儀甲源一刀流也

修行者心得之叓

一　日々之鍛錬無怠慢而初学之心不可忘

一　萬物総而吾師也　能々思考可有也

一　躰整之事

身躰は柔軟にして上躰は眞直ぐに腹を引き締め凝らず固らず自然の躰なり

一　足踏様之事

足取りは歩むが如くにして緩急何れの場合も足を継ぐべし

一　眼の付様之事

瞬きせず向ふの眼を望むが如く全身及びその周辺を観るべし

一　太刀把り様之事

小指薬指を締めて中指を緩めず人指と大指とは浮かす心得なり

一　心之持様之事

常に平静に叡智を働かし心を偏せざる様になすべし

一　太刀構之事

太刀構は刀勢無限無極の一点なり而して攻めの起りにして居付くにはあらず心に銘ずべきなり

當流剣法熱心不淺為成初学之修行依而折紙相許候

向後益々稽古無懈怠精進可被致者也

甲源一刀流剣法師範

大東流合氣武術総本部

宗範　佐川幸義

昭和五十二年一月吉日

高橋賢殿

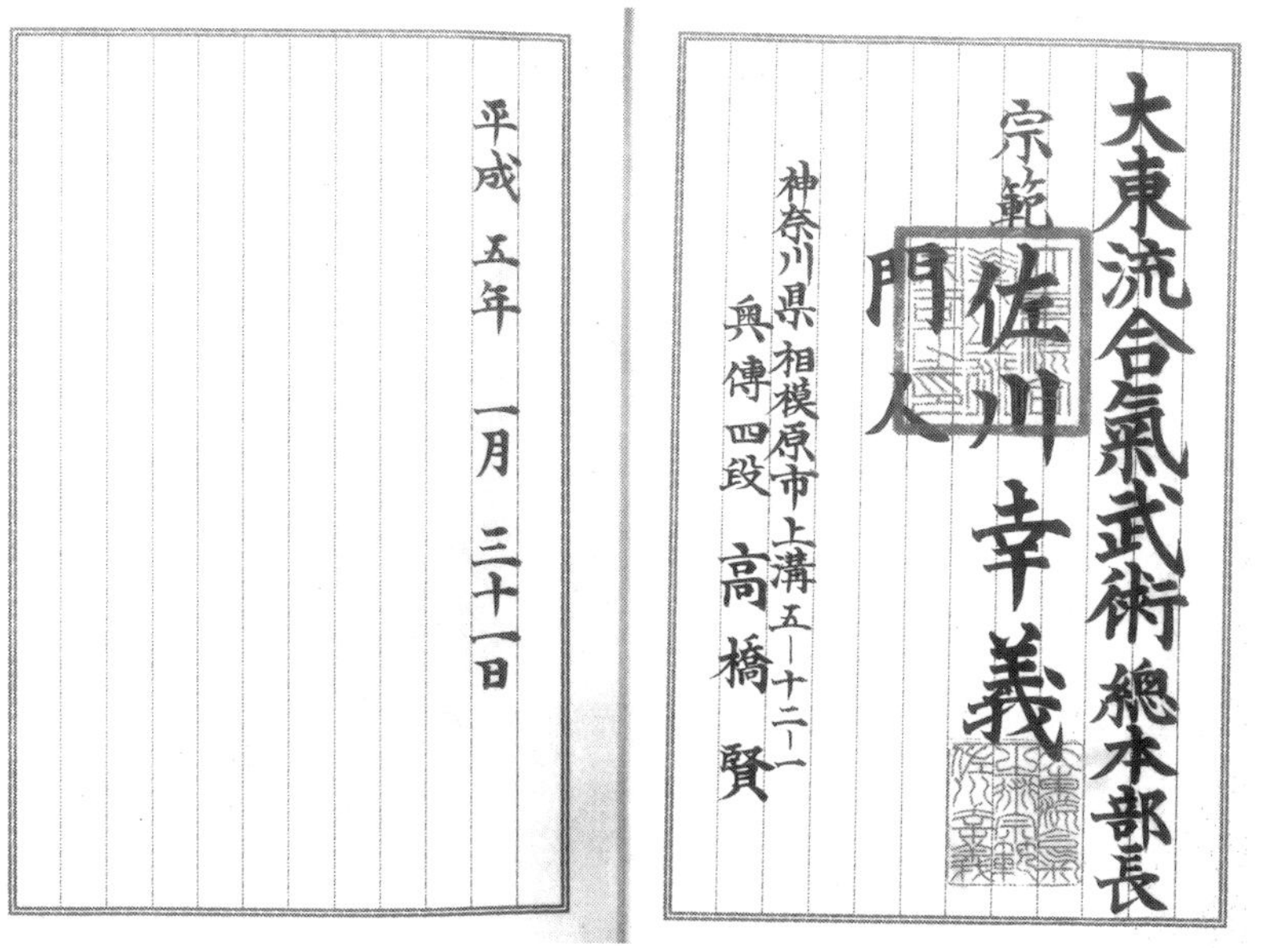
大東流合氣武術總本部長
宗範 佐川幸義
門人
神奈川県相模原市上溝五―十二―一
與傳四段 高橋賢
平成五年 一月 三十一日

佐川先生よりいただいた「英名録」。大東流における「英名録」は、道場を開いてもよいという印可の意味を持つ。

上記は、佐川先生から頂戴した「英名録」です。大東流では武田先師以来、門人を採ってよいという印可の意味があります。

当時、曜日毎に、道場の指導助士を担当していた、田口、内野、相沢、矢島、木村、髙橋の六名が頂戴致しました。

また、その以前、昭和52年に、上記の者は、前頁の「甲源一刀流折紙、十二ヵ条目録、目録」の三巻を戴いております。

また、この頃、道場運営に功績のあった内野さんは門人では極くまれの「秘伝奥儀三十六ヶ条」の巻を戴かれました。

なお、昭和56年9月6日（土）から始まった甲源一刀流の第一回の講習の参加者は、吉丸、内野、小原、髙橋と、内野さんのノートに記録されています。

その後、相沢さん、矢島さんと私は仕事の都合で参加出来なくなりました。すると、内野さんの御好意により、日曜の合気佐門会の終了後、内野さんの所で、先生新編の甲源一刀流の極意組を教えて頂き、そのノートも複写させて頂けました。

その時に、技の要点をたちまち修得し、技の素早い相沢さんと、先生の合気の技を受けると、それを微細な所まで感じ取る能力に優れた矢島さんのお二方と、内野さんの、温かい御配慮と御教示があったればこそ、非才がなんとか、この書をまとめる事が出来ました。ここにお三方に深く感謝申し上げます。

ありがとうございました。

大東流合気剣術基礎教程（抄）

大東流合気剣術においてすべての基礎となる、構えや動作の修練。最初に行い、基本～形修練へと進んでいく。

一、構え

上写真の構えは「竪本覚《たてほんがく》」と呼ばれるもので、一般的な「八双」の構えよりも高く構えられる。

竪本覚

勢眼（青眼とも）

二、斬込

師曰「毎教授の前後に必ず鍛錬さすべし」１００回。
最基本とも言うべき動作。全身を一つにまとめてまっすぐ正面に斬り下ろす動作は、そのまま体術にも活きてくる。
素振りは踏み出す足を一振りごとに左右入れ替えながら行う。素振りのみならず、形においても、左足を踏み込みながら打ち込む動作が頻出するのが、大東流合気剣術の大きな特徴の一つ。

三、被受《かぶりうけ》（斬込流し斬込）

歩法は3種有る。

形では相手の斬撃を逸し流す操作が頻出するが、その基本がこの「摺り流し」動作。

中段から切先を下に落とし、右から回し上げ、続いて同様に左から回し上げる。

次頁の写真は、左に回し上げながら右真横に、右に回し上げながら左真横に、という横移動を伴う。

摺り流し

横移動の摺り流し

四、刀尖集力相互練習

向かい合い、振りかぶった状態から右足を踏み出しながら右から中央へ、左足を踏み出しながら左から中央へ、と振り出して中心で当て合う。相手太刀とまともにぶつかり合わせるイメージだと水平軌道をとりたくなるが、そうではなく斬り下ろす斜めの軌道をとる。

上段

中段

下段

3

4

3

4

3

4

大東流合気剣術基本27手

佐川先生が編まれた合気剣術の体系において最初に学ぶべきとされた27本。実は武田惣角先師伝来の技法をまとめたもので、諸伝合気剣術と同一の所も多い。相手の攻撃に対する防御技を主体に構成されているが、その中には体捌きや切抑えに見られるような相手の反応を巧みに利用する制圧法など、合気修得に不可欠なエッセンスが込められている。

一、打落し、正面打

仕太刀打太刀互いに右足前の青眼（と師がよく使われた。いわゆる中段）に構え、太刀先（鋒）左方に交えて立つ（以下これを「交鋒」と呼ばせていただく）。

仕太刀：右足右斜めに出て、体は敵に向いたやや半身となりつつ、切先で敵剣を左方に打落すや、敵の面を打つ（写真2〜6）。

打太刀：右足前進し、面打（写真2〜4）。

二、打落し、正面打

両者交鋒より、

仕太刀：左足斜めに出て、体は敵に向かったやや半身となりつつ、切先で敵剣を右方に打落すや、敵の面を打つ（写真2～6）。

打太刀：前進し、面打（写真2～4）。

注：やや斜めに前進し、体は敵に向いたやや半身となりつつ、敵を攻撃するのは、大東流合気剣術の秘伝であり、植芝盛平師範伝、八光流柔術 奥山龍峰師範伝、久琢磨師範伝等、大東流の正伝を伝えるところに残されていた。

師曰く、構えは必要なし。ただ、切る時の過程動作。切先に集力できるように修練する。

太刀はいつも体前にある事。足捌きは左右どちら前でも自在にすること。

三、摺上げ、正面打

両者交鋒より、

仕太刀：左足退き変更しつつ、切先で敵剣を左上方に摺上げ、敵の面を打つ（写真2～5）。

打太刀：前進し。面打（写真1～4）。

注：変更とは、敵の攻撃線を避ける、大東流で重んじる体捌きの事。動きから言うと「体の向きを変えること」なので、「変向」でもよいが、武田惣角先師の伝書に「変更」が使われているので、佐川先生も「変更」を使われていた。それにならい、ここでも「変更」を使う。

四、摺上げ、正面打

両者交鋒より、

仕太刀：左足退き変更しつつ、切先で敵剣を右上方に摺上げ、敵の面を打つ（写真2～5）。

打太刀：前進し、面打（写真1～4）。

五、抑え、正面打

両者交鋒より、

打太刀：前進し、面打（写真1～4）。

仕太刀：左足退き変更しつつ、切先で敵剣を左方に抑え、敵の面を打つ（写真2～6）。

六、抑え、正面打

両者交鋒より、

打太刀：前進し、面打（写真1〜4）。

仕太刀：左足出て変更しつつ、切先で敵剣を右方に抑え敵の面を打つ（写真2〜6）。

七、被受、正面打

両者交鋒より、

仕太刀：右足出て変更しつつ、。両手を右上方に上げ、剣の切先を左上方に上げ、剣刃上向きとして敵切先の攻撃を受け、さらに切先を左下方に受け流し落とすや（写真2～4）、

1

2

3

打太刀：前進し、面打（写真1～4）。

仕太刀：剣を頭上に上げて、空いた敵の面を打つ（写真5～6）。

4

5

6

注：両手で、剣刃をかぶるように受けるので「かぶり受け」と称す。
師は「被受」「冠受」と書かれた。

師曰く、被受は、柄で受ける心で。

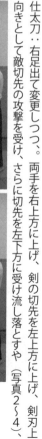

八、被受、正面打

両者交鋒より、

仕太刀：左足出て変更しつつ、両手を左上方に上げ、剣の切先を右上方に上げ、剣刃上向きとして、敵切先の攻撃を受け、さらに切先を右下方に流し落とすや（写真2〜4）、

打太刀：前進し、面打（写真1〜4）。

仕太刀：剣を頭上に上げて、空いた敵の面を打つ（写真5〜6）。

九、脇構、打落（基本）

両者交鋒より、
仕太刀：右足引き、脇構（写真1）。
仕太刀：脇構より、機を見て、右足を前進しつつ、両手を左捻りし、峰を返して、敵青眼の太刀を、左下方に打落す（写真1〜3）。
打太刀：青眼（写真1）。
仕太刀：太刀を振り被り、正面打（写真4〜6）。

1

2

3

4

5

6

脇構～打落における秘剣

前ページの「九」は脇構から敵の中段太刀を打落す動作から始まる。刃を相手の太刀に当てるのが基本だが、武田先師より佐川先生に密かに伝えられた別法は、峰を当てて打落すものだった。（写真参照。彼我の位置関係は前ページと逆になっている）刃の向きを変更するために手首を返す必要がなくなり、速い。打落した後の次撃には三法あり、ここにその三種をご紹介する。

（一）逆刃突

我：脇構から、敵の中段太刀に、刀の峰側を当てて打ち落す（写真1～3）。

我：刃が上を向いた状態のままの刀で突き込む（逆刃突　写真4～5）。

（二）突き

我：脇構から、敵の中段太刀に、刀の峰側を当てて打ち落す（写真1～3）。

我：刃を下に返して突き込む（写真4～5）。

（三）正面打ち

我：脇構から、敵の中段太刀に、刀の峰側を当てて打ち落す（写真1〜3）。

我：上段に振りかぶって正面打（写真4〜5）。

十、脇構、打落、敵退くを追って右胴打

両者交鋒より、仕太刀：右足引き、脇構（写真1）。

仕太刀：脇構より、機を見て、右足を前進しつつ、両手を左捻りし峰を返して、敵青眼の太刀を、左下方に打落とす（写真2～3）、

1

打太刀：青眼（写真1）。

2

3

仕太刀：左足左前に飛び出て、右膝を着いた折敷きとなりつつ、敵右胴を打つ（写真4～6）。

4

5

6

打太刀：右足を引きつつ、左上段となり、避ける（写真4）。

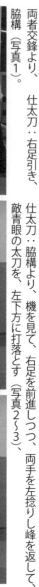

十一、敵脇構、打落に攻めるを燕返しに正面打

両者交鋒より、仕太刀：青眼（写真1）。

打太刀：脇構に退き、機を見て、右足出て、左峰打落に（写真1〜3）。

仕太刀：敵打ち来たりた太刀を、柳に風と、太刀先を右下、後下と引き外すや（写真3〜4）、

仕太刀：続けて、振りかぶり、右足出て、正面打（先生はこれを「燕返し」と言われた）（写真4〜6）。

十二、中段より先々の先で正面打

両者交鋒より、

仕太刀：青眼より、（師曰く、先の先の気で）左足左斜前出、正面打（写真1～3）。

打太刀：右足出て、正面打（写真1～3）。

十三、中段を払い正面打

両者交鋒より、

打太刀：右足出て、突く（写真1～2）。

仕太刀：右足右横出、切先で左払に払い、正面打（写真2～4）。

十四、中段、右払い正面打

両者交鋒より、

仕太刀：左足左横出、切先で右に払い、正面打（写真2～4）。

打太刀：右足出て、突く（写真1～2）。

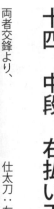

十五、敵突、左抑え正面打

両者交鋒より、

打太刀：右足出て、突き（写真1～2）。

仕太刀：右足右横出、切先で敵剣を左に抑え、正面打（写真2～4）。

十六、敵突、右抑え正面打

両者交鋒より、

打太刀：右足出て、突く（写真1～2）。

仕太刀：左足左横出、切先で敵剣を右に抑え、正面打（写真2～4）。

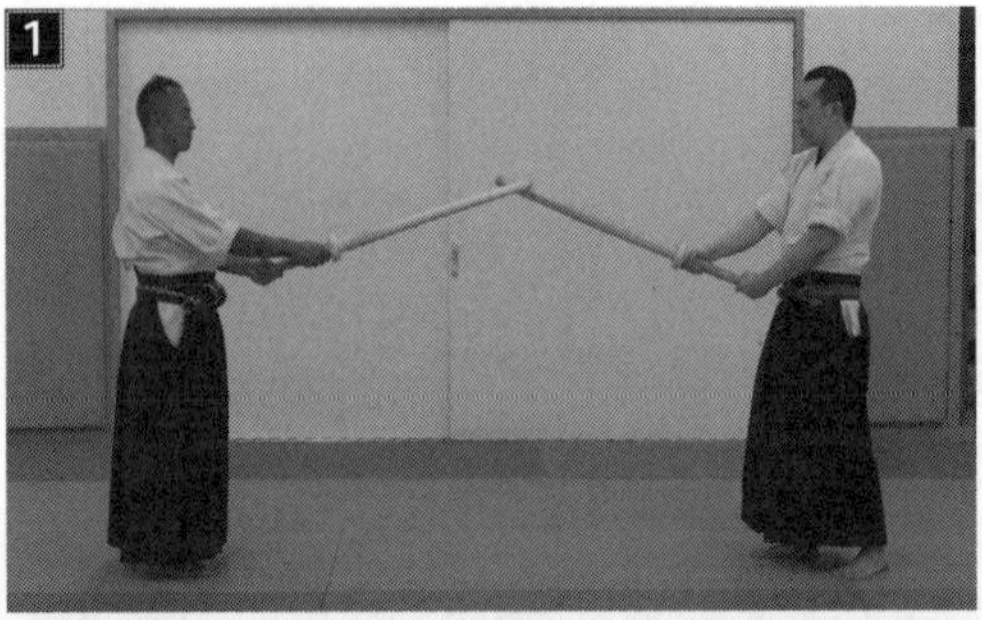

十七、敵突、左抑え突

両者交鋒より、

打太刀：右足出て、突き（写真1～2）。

仕太刀：右足右横出、切先で敵剣を左に払い、突き（写真2～4）。

十八、敵突、右抑え突

両者交鋒より、

打太刀：右足出て、突く（写真1～3）。

仕太刀：左足左横出、切先で敵剣を右に払い、突く（写真3～4）。

十九、敵突、左抑え突

両者交鋒より、

打太刀：右足出て、突く（写真1〜3）。

仕太刀：右足右横出、切先で敵剣を、左に抑え、突く（写真3〜4）。

二十、敵突、右抑え突

両者交鋒より、

打太刀：右足出て、突く（写真1～3）。

仕太刀：左足左横出、切先で敵剣を右に抑え、突く（写真3～4）。

二十一、敵左小手打、左打落正面打

両者交鋒より、

打太刀：右足出て、我の左小手を打つ（写真1～4）。

仕太刀：左に打落し、正面打（写真3～6）。

二十二、敵右小手打、右打落正面打

両者交鋒より、

打太刀：右足出て、我の右小手を打つ（写真1〜4）。

仕太刀：右に打落、正面打（写真3〜6）。

二十三、引き小手

両者交鋒より、

打太刀：我の右小手打（写真1〜3）。

仕太刀：左後方に退き引き、正面打ち（写真3〜4）。

「引き小手」を破る秘剣

前頁の「二十三」における仕太刀の動きは小野派一刀流で言うところの「引き小手」と呼ばれる技。これを破る秘剣を武田先師は編み出し、佐川先生に伝えていた。合気剣術の特色である体を開きつつ持ち替える片手打ちによって、届くはずのない退きゆく相手の体に、剣が連続して当たる。武田先師は二撃目で一撃目とまったく同じ位置の右小手をとらえたという。

敵：我の打ちを外さんと退く（写真1～3）。

我：体を右に開きつつ、左手の片手剣となり、敵の右小手を打つ（写真2～3）。

我：さらに退かんとする敵に対して大きく右足で踏み込み、左へ体を開きつつ右手に持ち替え片手剣となり、右小手を打つ（写真4～5）。

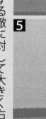

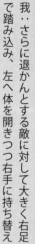

二十四、敵左胴打、右出打落─正面打

両者交鋒より、

1

2

仕太刀：右足右横出、左打落（写真2〜3）。

3

打太刀：我の左胴打（写真1〜3）。

仕太刀：正面打（写真4〜5）。

4

5

二十五、敵右胴打、左出打落正面打

両者交鋒より、

仕太刀：右打落（写真2～4）。

打太刀：我の右胴打（写真1～4）。

仕太刀：正面打（写真5～6）。

二十六、敵左胴打、左半冠受正面打

両者交鋒より、

打太刀：右足出て、我の左胴打（写真1～3）。

1

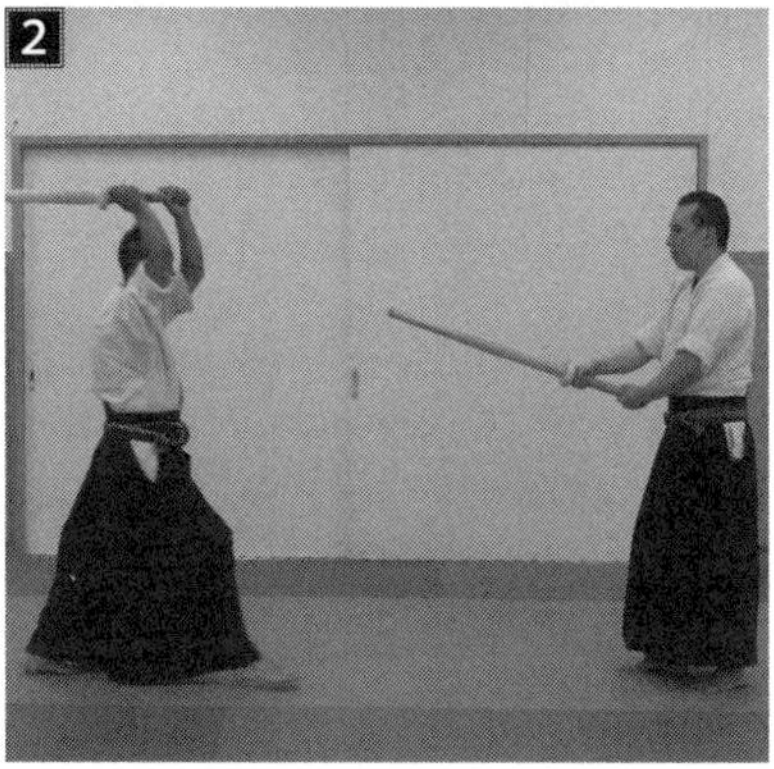
2

3

仕太刀：右横出、左半冠受（写真3～4）。

4

仕太刀：正面打（写真5～6）。

5

6

二十七　敵右胴打、左出半冠受正面打

両者交鋒より、

敵：左足出て、我の右小手を打つ（写真1〜3）。

仕太刀：左横出、右半冠受（写真3〜4）。

仕太刀：正面打（写真5〜6）。

合気甲源一刀流

表五天之太刀

一 妙剣　二 実妙剣　三 勢眼　四 上段　五 独妙剣

陣頬組之太刀

六 切落　七 発身翻額　八 寄身斬　九 本格式　十 捲り斬り

残身組之太刀

十一 霞隠れ　十二 体当り　十三 反右足　十四 反左足　十五 水車

刃切合組之太刀

十六 頭上剣　十七 右足　十八 左足　十九 左右の腰身　二十 逆の払い

小太刀術

一 洞入り　二 被り受け入り　三 上段　四 柄上げ　五 左右之霞
六 抜き打ち付け

◆表五天之太刀（5本…一～五）

要諦

右竪本覚よりの一打ち、則ち妙剣の一打ち、即咽突きの大事

一 妙剣 表

互いに右足前の勢眼に構え、太刀先（鋒）を交える（交鋒）。以下も形の最初は同様（写真1）。

打太刀（右）：右足引き脇構、ゆったりと右足出て、勢眼に戻る（写真2～5）。

仕太刀（左）：右足から右左右と3歩退き、右竪本覚に構える（写真2～5）。

仕太刀：右足から右左右と3歩出て、敵の刀の左側を上より切落し（写真6〜9）、即、右足出て、両手を締めて咽に突き（写真10〜11）。

一　妙剣　裏

打太刀：互いに太刀先を交えた状態から、右足引き脇構、ゆったりと右足出て、勢眼に戻る（写真1）。

要諦

左竪本覚よりの一打ち、則ち妙剣の一打ち、即咽突きの大事

仕太刀：太刀右左右と3歩退き、右脇構に構える（写真1）。

仕太刀：右足から右左右と3歩出て、剣を左竪本覚に上げて（写真2〜5）、

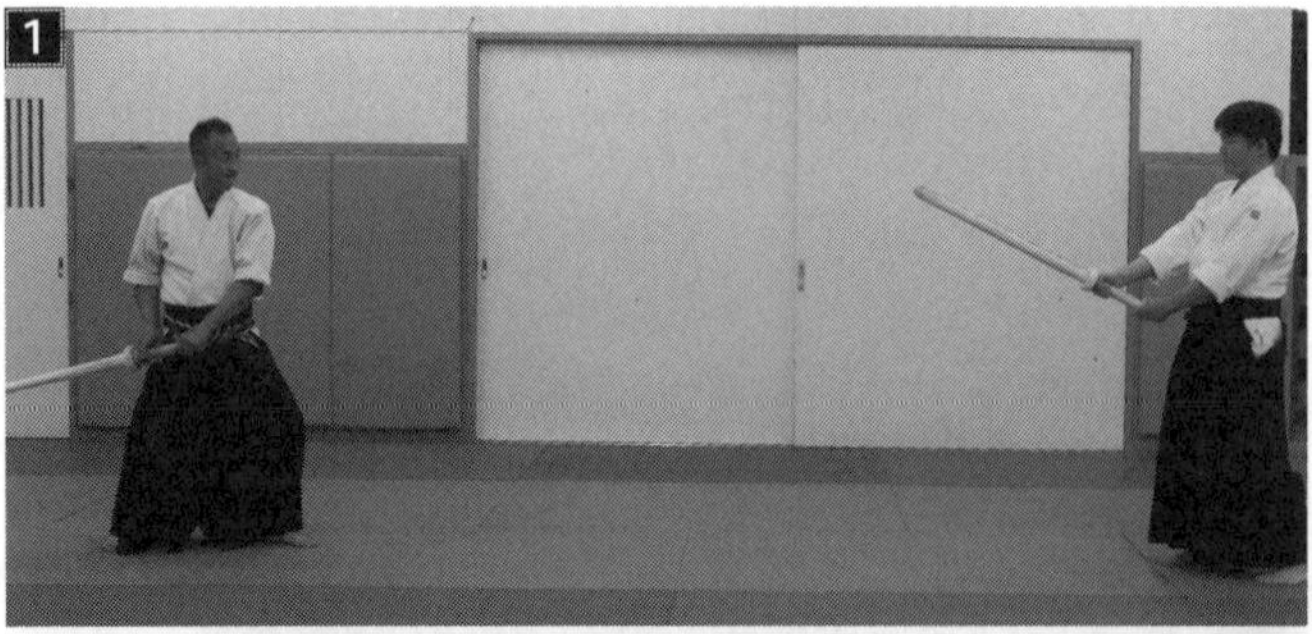
1

2

3

4

仕太刀：左足出て（4歩目）、敵の刀の右側を上より切落し、即、右足出て、両手を締めて咽突き（写真6～8）。

二　実妙剣

要諦

勢眼（他流に言う正眼）の構えと摺上の大事

互いに右足前の勢眼に構え、太刀先を交える（写真1）。

打太刀：剣先で右から左に相手の剣先を払い、右足出て正面打（写真2〜5）。

1

2

3

4

仕太刀：左鎬で摺上げて、正面打（写真5〜7）。

三　勢眼　表

要諦
平勢眼（他流に言う平正眼）の構えと摺上の大事

打太刀：互いに右足前の勢眼に構え、太刀先を交えた状態から右足を退き、竪本覚（写真1）

仕太刀：太刀先を交えた状態から右左右と4歩退き勢眼のまま（写真1）。

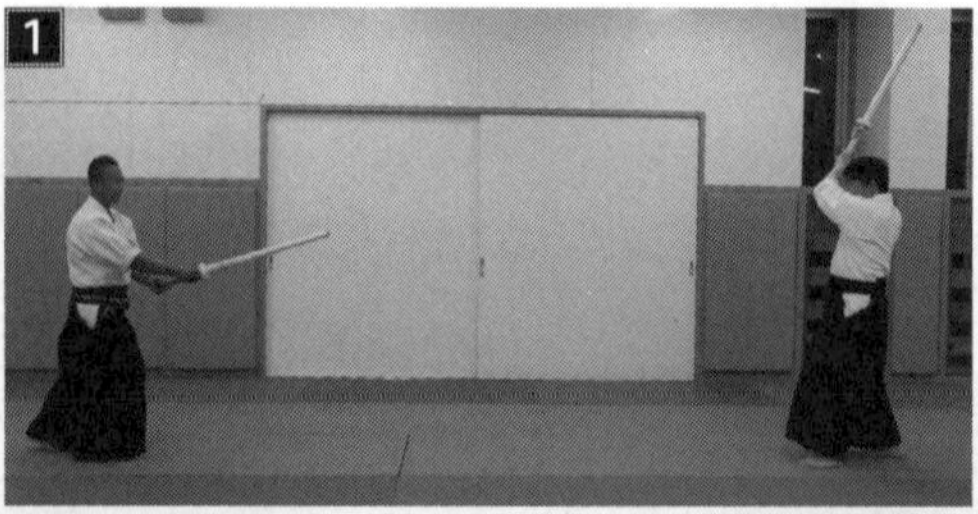

打太刀：竪本覚から右足出て正面打（写真3～4）。

仕太刀：少し歩幅大きく左右と2歩出て、太刀先を敵左目に付け両拳を右に倒し、刃が左下を向いた平勢眼となる（写真2～3）。

仕太刀：左鎬で摺上げて（写真4～5）、

仕太刀：正面打（写真5～6）

打太刀：左鎬で摺上げて、正面打（写真6～8）。

仕太刀：少し右に開き出て、相手の剣を切落とし（写真8～9）、即、右足出て、両手を締めて咽に突き（写真10～11）。

三　勢眼　裏

要諦

摺上げられた時の対応。抜き技、敵の打ちを見切る大事。最後の所作が表と異なる。「上段に振り被りながら、相手の正面打ちをぎりぎりで抜き、打ち下ろさせ、そこに正面を打つ。

打太刀：互いに右足前の勢眼に構え、太刀先を交えた状態から右足を退き、竪本覚（写真1）。

打太刀：竪本覚から右足出て正面打（写真3～4）。

仕太刀：太刀先を交えた状態から右左右と4歩退き勢眼のまま（写真1）。

仕太刀：少し歩幅大きく左右と2歩出て、太刀先を敵左目に付け両拳を右に倒し、刃が左下を向いた平勢眼となる（写真2～3）。

仕太刀：左鎬で摺上げて（写真4～5）、

打太刀：左鎬で摺上げて、正面打（写真6～8）。

仕太刀：正面打（写真5～6）、

6

7

8

9

仕太刀：左足右足と連れ歩き、敵の正面打をぎりぎりで抜き、打ち下ろさせ、即、右足左足と連れ出て、正面打ち（写真8～9）。

四　上段

打太刀：互いに右足前の勢眼に構え、太刀先を交えた状態から右足退き脇構、ゆったりと右足出て、勢眼に戻る（写真1）。

要諦

上段の構えよりの打ちと、裏摺上の大事

打太刀：左鎬で摺上げて（写真3〜4）、

仕太刀：太刀先を交えた状態から右左右と3歩退き、左上段の構え、（写真1）。

仕太刀：右左右と3歩出て、正面打、（写真2〜4）。

打太刀：正面打。（写真5～6）。

仕太刀：右足退き、剣の右鎬で摺上げ（裏摺上）て、即、右足出て、正面打（写真6～8）。

五　独妙剣　表

要諦

勢眼の小手打の対応

打太刀・仕太刀：互いに右足前の勢眼に構え、太刀先を交えた状態から両者右左右と3歩退き脇構（写真1）。

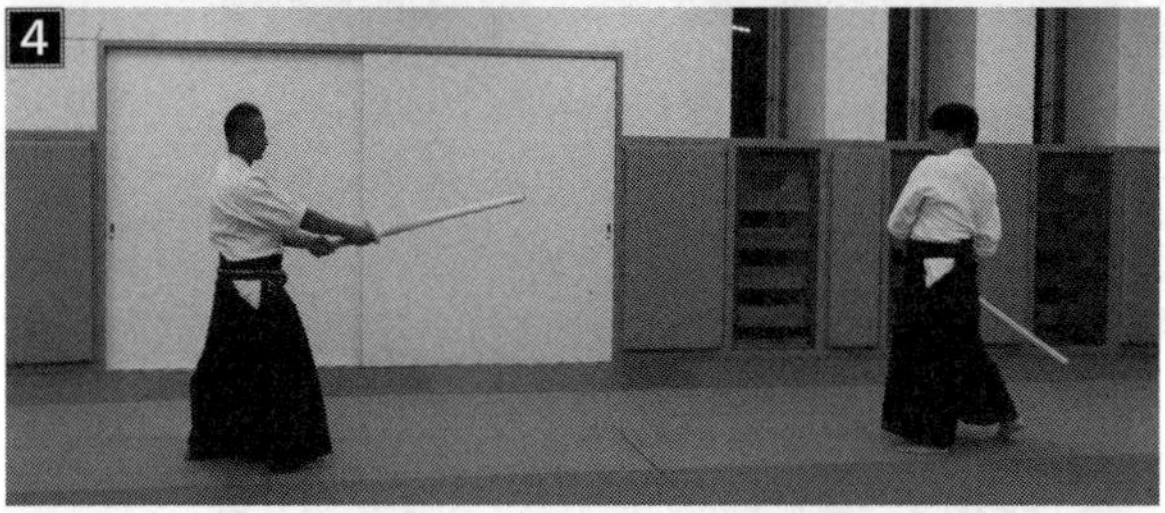

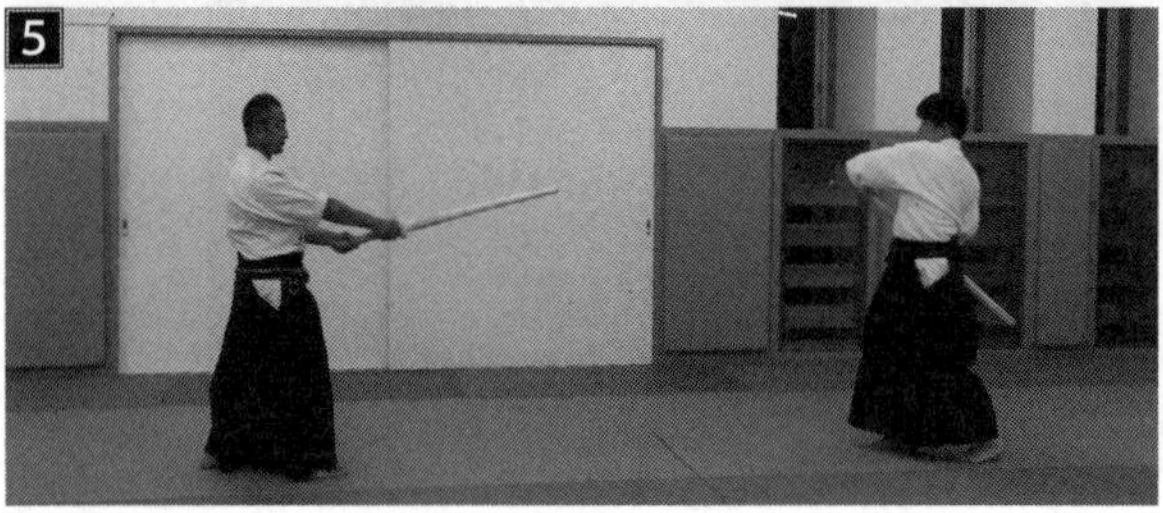

打太刀：右左右と3歩出て、脇構から敵右小手打（写真4～7）

仕太刀：右左右とゆったりと3歩出て、勢眼に戻る（写真2～4）

6

7

8

9

仕太刀：右足僅か退き、右鎬で右方に払い、即、右足出て正面打（写真7～9）。

打太刀：右鎬で摺上げて正面打（写真9～11）。

10

11

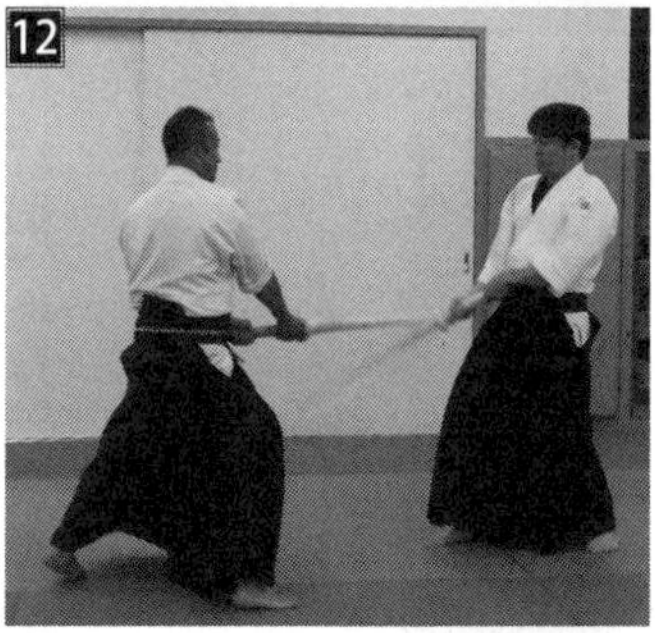
12

13

仕太刀：少し右に開き出て、相手の剣を切落し、即、右足出て、両手を締めて咽に突き（写真11～13）。

五　独妙剣　裏

要諦

凌ぎの対応、巻き払落しの大事

打太刀・仕太刀：互いに右足前の勢眼に構え、太刀先を交えた状態から両者右左右と3歩退き脇構（写真1）。

打太刀：右左右とゆったりと3歩出て、勢眼に戻る（写真2〜3）。

仕太刀：右左右と3歩出て、右から相手の切っ先に切っ先を触れる（写真3〜5）。

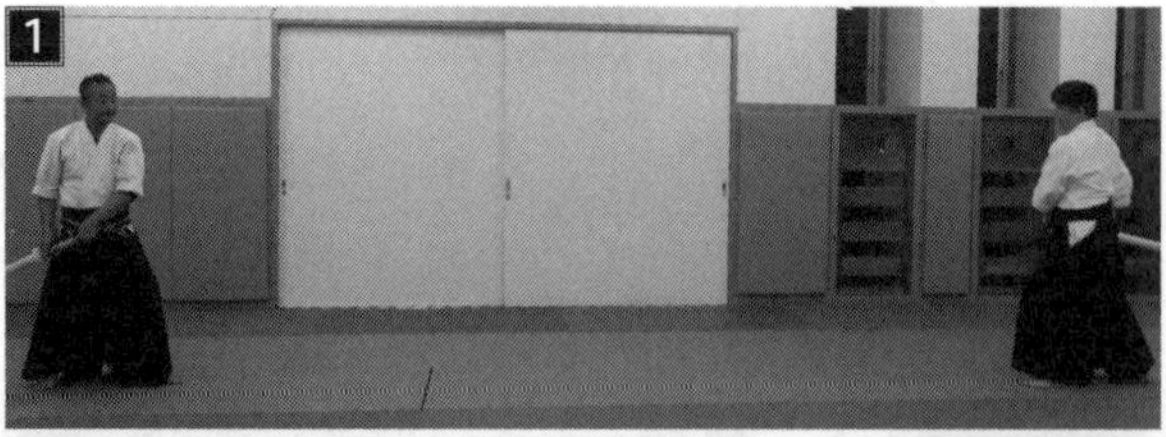
1

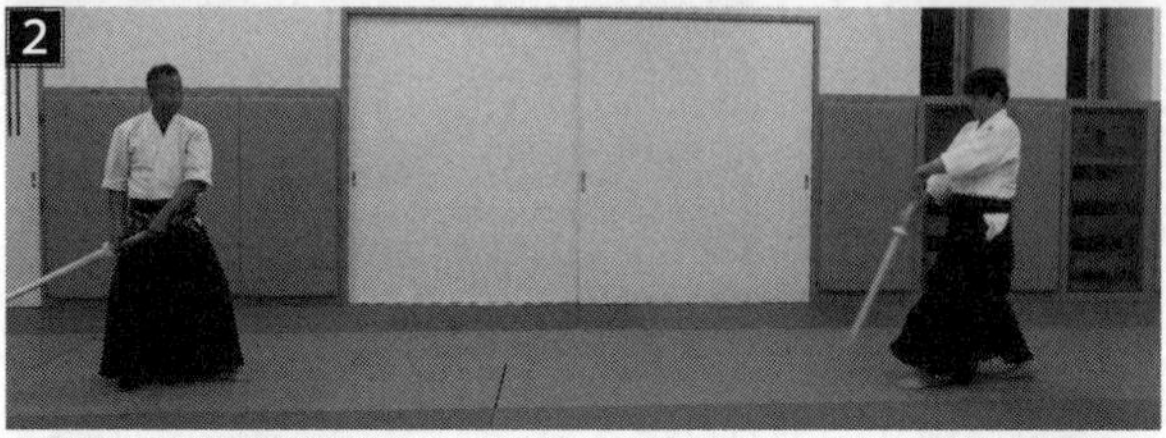
2

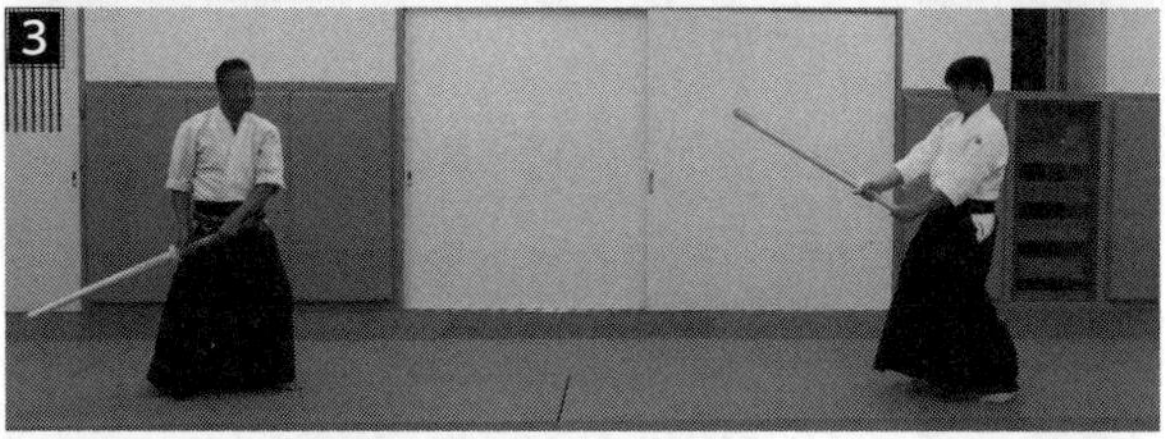
3

4

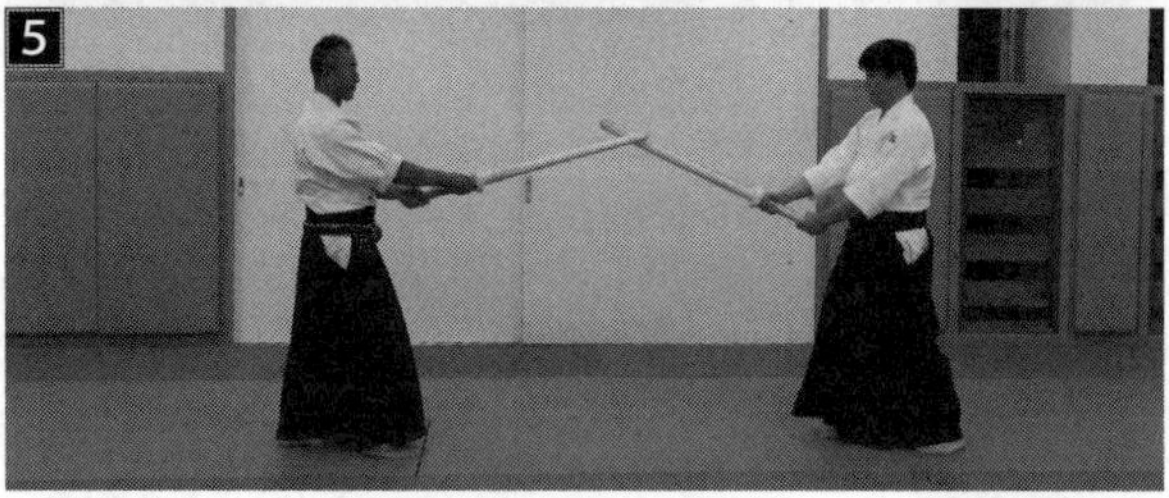
5

打太刀：剣先を下から回して、相手の刀に左から刀を乗せて凌ぎ抑えんと、左右と2歩出て、詰める（写真6～8）。

6

7

8

9

10

仕太刀：右左と2歩退き、間を取り、敵刀を右鎬で左下から右下へ巻き払落し、右足出て、正面打（写真7～11）。

打太刀：右鎬で摺上げて、正面打（写真11～13）。

11

12

13

14

15

仕太刀：少し右に開き出て、相手の剣を切落し、即、右足出て、両手を締めて咽に突き（写真13～15）。

◆陣頻組之太刀（5本…六～十）

六　切落　表

互いに右足前の勢眼に構え、太刀先（鋒）を交える（交鋒）。以下も形の最初は同様（写真1）。

打太刀：右足引き脇構、ゆったりと右足出て、勢眼に戻る（写真2～3）。

要諦

右竪本覚よりの一打ち、則ち妙剣の一打ち、即咽突きの大事

仕太刀：右左右と3歩引き、右竪本覚に構える（写真2）

仕太刀：右足から右左右と3歩出て、敵の刀の左側を上より切り落す（写真4～5）。

仕太刀：再び敵の手をしびれさすほど強く切落す（写真6）。

打太刀：かなわじと、右足退き、左上段に構える（写真7～8）。

仕太刀：即、右足出て、敵の咽を突く（写真8）。

六　切落　裏

要諦

表の裏技、敵が切落に切落を重ねるを反対に切落、出て突きで留め

打太刀：互いに右足前の勢眼に構え、太刀先を交えた状態から右左右と3歩退き、右竪本覚に構える（写真1～2）。

打太刀：右足から右左右と3歩出て、敵の刀の左側を上より切落し（写真3～4）、

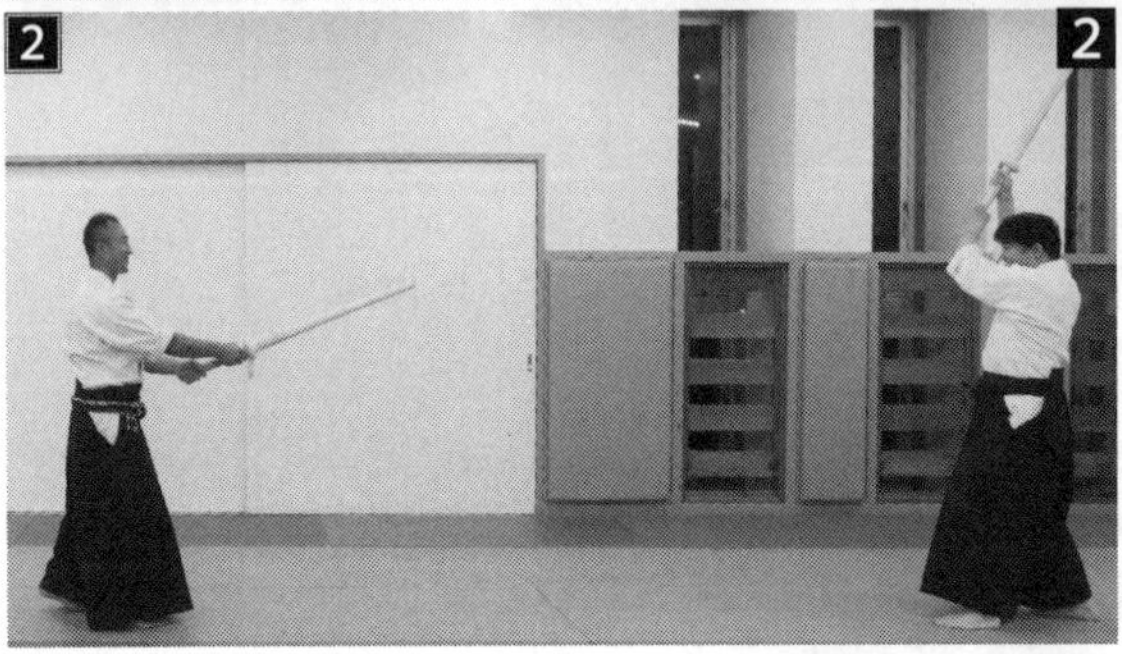

仕太刀：太刀先を交えた状態から右足引き脇構、ゆったりと右足出て、勢眼に戻る（写真1～2）

打太刀：再び、敵の手をしびれさすほどに強く切落さんとする（写真5）。

仕太刀：二度目の打ちの時に、逆に右足出して左下に、押え込むようにして巻き込み打落す（写真6）。

仕太刀：即、右足出て、敵の咽を突く（写真7）。

七　発身翻額

打太刀：互いに右足前の勢眼に構え、太刀先を交えた状態から足そのまま、打たんと両手上げて右上段に構える（写真1）。

要諦

柄に八寸の徳有り、連れ拍子、潜り抜け

打太刀：上段のまま、小手を切られないように左右足と連れ退き外し（写真2〜3）、即、右足出て正面打（写真4）。

仕太刀：右足出て、右手をスゴキ左手に近づけて握り（打ちを伸ばすため、「柄に八寸の徳有り」）敵の右上段の下手左の小手を斬る（写真1〜2）。

仕太刀：敵の太刀下を潜り抜け、敵の右側に入り、左足出つつ体右転して右足後に退き、敵右後方より敵の両小手切り（写真3〜5）。

〈割愛〉

砕き技3本

写真2より、打太刀が上段より打たんとするや、

①打太刀の両手を掬い上げ切。

②打太刀の咽を突く。

③打太刀の胴を右下より左上に掬い上げ切。

以下写真4に続く。

八　寄身斬

要諦

急に飛び離れ、スラリと敵に寄り身して斬る

打太刀：互いに右足前の勢眼に構え、太刀先を交えた状態から相手の剣先を自分の剣の左鎬で非常に強く左方へ打ち（写真1～2）、

1

2

打太刀：右足出て、上段より正面打ち（写真3～4）

3

4

仕太刀：右背中に剣を担ぐようにして（刃で受ける如し）、体を左転90度（左方を向く）しつつ、左右足と左後に飛び連れ退き低くなり、避ける。瞬間、左足に重心が掛かり、右足は爪先を着けただけで添え並べ、両膝を少し曲げ、体は元の左方を向き、頭は右方を向き、体の右側に垂れた刀の刃の上から敵を見る（写真4）。

5

6

仕太刀：瞬後、左足を敵方に出て体右転し起こしつつ、敵の正面打ちが下がり中段となった右小手を斬る（写真5～6）。

後に、敵の右後方に飛び寄りつつ、剣を右体側に被り、後方より敵を切る方法も加わる。

九　本格式

要諦

鍔際による摺り流しと続いての摺り込み揚げ崩し、飛び込み胴

打太刀：互いに右足前の勢眼に構え、太刀先を交えた状態から、右足出て正面打（写真1～2）。

仕太刀：左右足と連れ退き、剣を左頬横に立てる様にして、左鎬の鍔際で左後側に引き込むように受け流すや（写真2～3）、反対に、左鍔際で敵剣体を、右左足と出て押し上げ崩す（写真4～5）。

打太刀：左右足と退くが、剣体を押し上げ崩され、たまらず、右足退き左上段に外し、右足出て正面打（写真5～8）。

5

6

7

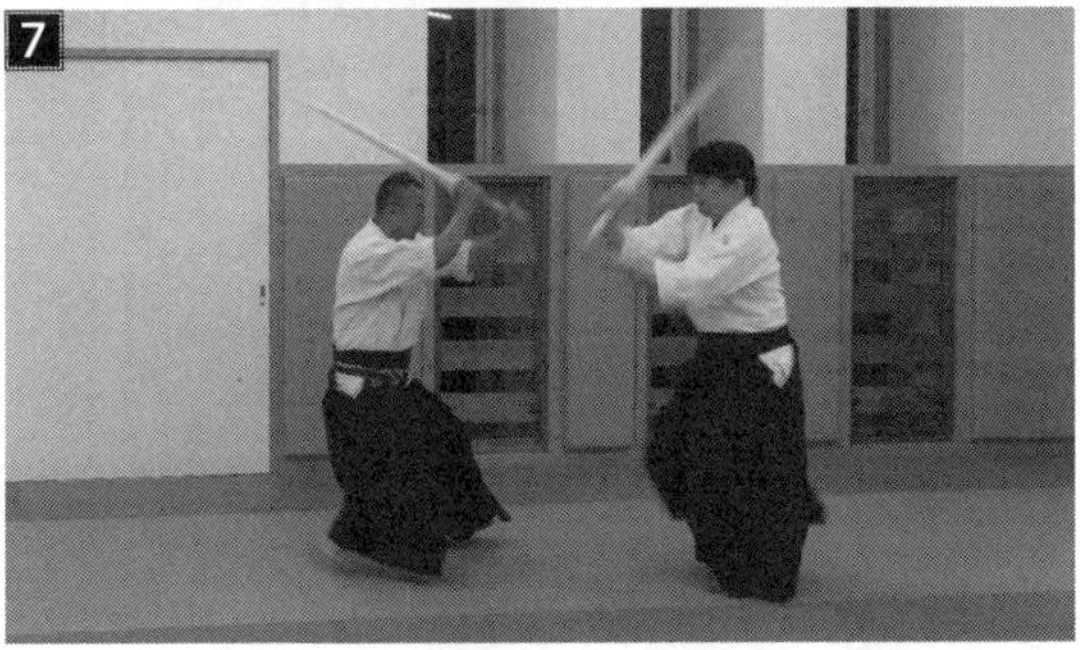

8

仕太刀：打下ろし来る瞬間、左前方に左足で飛び込み、後方に右膝を着きしゃがみつつ（体は少し右転）、敵の右胴を斬る（写真7～8）。

十　捲り斬り

打太刀：互いに右足前の勢眼に構え、太刀先を交えた状態から、右足引き脇構。ゆったりと右足出て勢眼に戻る（写真1）。

仕太刀：太刀先を交えた状態から、右左右と3歩退き、右竪本覚に構える。（写真1）。

仕太刀：右左右3歩出て、正面打。（写真2〜4）。

打太刀：左右足と連れ退き、左上方に受ける（写真3〜4）。

要諦

先々之先の大事、面々横面連続打ち

打太刀：左右足と連れ退き、左上方に受ける（写真6）。

仕太刀：続けて、右左足と連れ出て、正面打（二打目）（写真5～6）。

仕太刀：左足出て、敵右横面打（三打目）（写真7～8）。

打太刀：右足退き、右上方に受け、左右足と歩み退き、左上段に上げ、打たんとする（写真8～9）。

仕太刀：即、右足出て、敵の咽を突く（写真9～10）。

◆残身組之太刀（5本…十一～十五）

十一　霞隠れ　表

要諦

変更の体捌による防御。上段高霞（表霞）による受流、続く被り回し打ち

仕太刀・打太刀：交鋒より3歩引き脇構、3歩出て下段より中段交鋒。以下「残身組」は原則として同様に始める（写真1～8）。

打太刀：右足引き左上段に構える（写真9）。

打太刀：右足出て正面打ち（写真10）。

打太刀：僅かに左右足と連れ退き、左方の上段に受けて、次に右足出て正面打（写真12～14）。

仕太刀：下段に構える。

仕太刀：右足引き体変更して体捌でかわし、右足出て、大きく正面打ち（写真10～12）。

打太刀：左右足と連れ退き、左方の上段に受けて、右足を退き、左上段に構える（写真15～17）。

仕太刀：左足右後に退き体左変・剣先を左方に垂らし高霞となり、敵打ちを受流すや、上段に被り回し、右足出て敵の左横面を斬る（写真14～16）。

仕太刀：即、右足出て、敵の咽を突く（写真17～18）。

十一　霞隠れ　裏

要諦

上段高霞による受。
切り結びよりの押さえ、払い巻き上げの大事

打太刀：交鋒より3歩引き脇構、3歩出て下段より中段交鋒の状態から、右足退き右竪本覚に構える（写真1）。

仕太刀：連れて、平勢眼に構える（写真1）。

打太刀：右足出て仕太刀の剣を切落し、直ちに左足出て正面打（写真2～4）。

仕太刀：右足退き右変、上段高霞で敵の剣を受ける（写真3～4）。

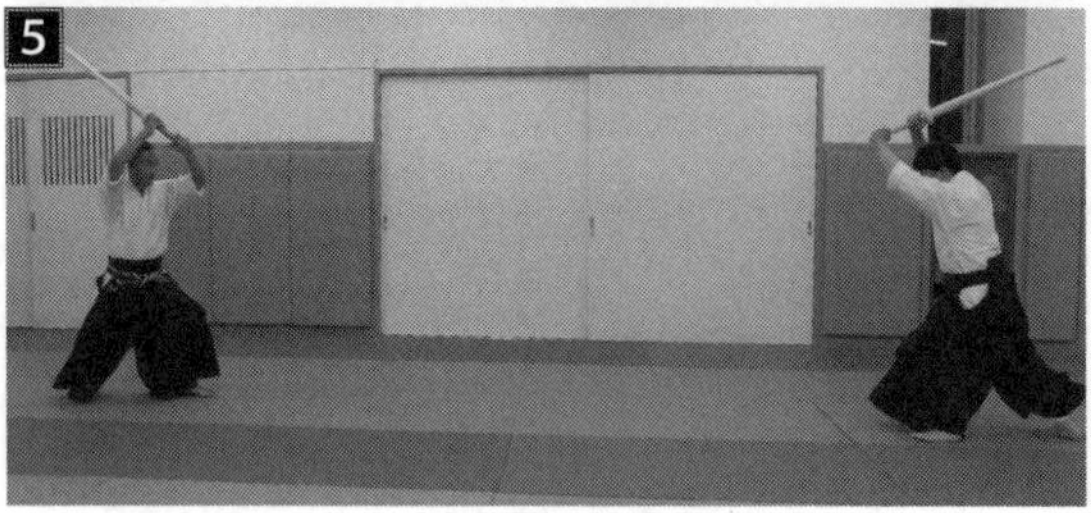

打太刀・仕太刀：両者同時に、急ぎ3歩退き、左上段に構える（写真5）。

打太刀・仕太刀：両者同時に、急ぎ3歩出て、正面打に切り結ぶ（写真6）。

仕太刀：打太刀の剣を左に押える（写真6）。

打太刀：剣の下から回して、逆に仕太刀の剣をその右（仕太刀の左）に押さえる（写真7〜8）。

仕太刀：剣の下から回して打太刀の剣を左巻きに右上方に払い上げ、右足出て敵の咽を突く（写真9〜12）。

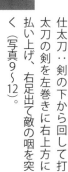

十二　体当たり　表

要諦

払落し抑えより、突き揣上げ崩し体当後倒。倒して正面打に仕留め

仕太刀：交鋒より3歩引き脇構、3歩出て下段より中段交鋒の状態から、右足引き脇構（写真1）。

仕太刀：右足出て、左に敵剣先を払落し、抑えるや、右左足と連れ出て、突く（写真2〜4）。

打太刀：右足左足と連れ退き、突きを左方に払い除ける（写真5）。

5

6

7

打太刀：後倒するや、左手で受け身し、左体側を下に横臥。直ちに膝を立て、被り太刀より、右回りに敵足を切らんとする（写真7～8）。

仕太刀：右方に払われるや、表より敵剣を掬上げ、剣の鍔際か柄を敵の柄に合わせ、正面より、体当たりして後方に押し倒す（写真5～7）

8

9

10

仕太刀：右足退き右変、剣先を右に垂らし、流し太刀で右足右体側面を防ぐや、右足出て、被って、横倒の敵の正面打（写真8～10）。

十二　体当たり　裏

要諦

突きの続飯付け、変更の外し、半身入身体当後倒

仕太刀：交鋒より3歩引き脇構、3歩出て下段より中段交鋒の状態から、右足引き脇構（写真1）。

仕太刀：右足出て、剣先で剣先に触れて様子を伺う（写真2）。

打太刀：左に仕太刀剣を抑えて避け、即右足出て両手締めて、仕太刀咽を突く（写真3）。

仕太刀：左に打太刀剣を抑えて避け、即右足出て両手締め咽突く（写真4〜5）。

打太刀：左右足と退き、左に仕太刀剣を抑えて避け、即右足出て両手締め咽突く（写真5～6）。

5

6

仕太刀：左足左前に出て右体変し開き（写真6～7）、

7

8

仕太刀：剣先を右下に垂らし突きを避けるや、左足出て、左肩肘から敵に体当り倒す（写真8～9）。

打太刀：後倒するや、左手で受け身し、左体側を下に横臥。直ちに、右膝を立てて、被り太刀より右回りに敵足を切らんとする（写真9～10）。

9

10

11

12

仕太刀：右足退き右変、剣先を右に垂らし、流し太刀で右足右体側面を防ぐや、右足出て、被って、横倒の敵の正面打（写真10～12）。

続飯付

194～195頁「体当たり　裏」における写真3～6の打仕の抑え、突きの攻防は「続飯付」（＝糊付け）という貼り付け合う技術で、合気柔術に通じる練習である。中国武術の「推手」にも通じる。次掲写真は、剣先を接触させ、その接点をあたかもくっついているかのように維持しながら、往復させる練習法。この操作は徒手体術、合気の修得に繋がっていく。

1

2

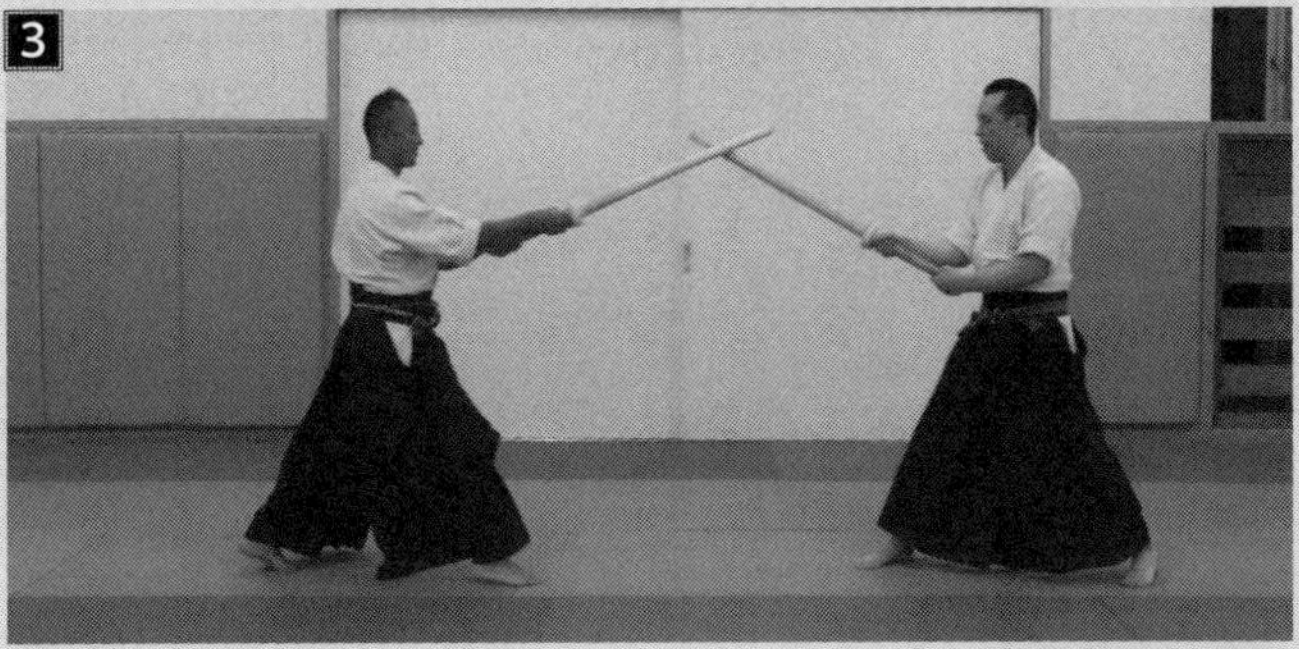

3

4

右写真は中国武術で行われる修練法「推手」。合わせた手の甲の接点を維持しながら循環運動を繰り返していき、「続飯付」に通ずるものがある。接点から相手の力を感じ取りながら行う。

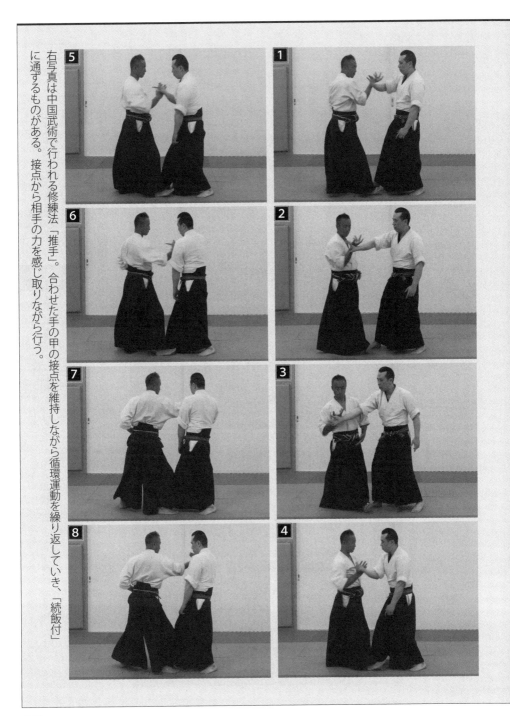

十三　反右足　表

要諦

表抑え、右前入り足・両小手斬（又は、袈裟切り）

打太刀：交鋒より3歩引き脇構、3歩出て下段より中段交鋒の状態から、右足出て正面打（写真1～3）。

仕太刀：右足出て左鎬で摺上げ、左足出て左方に摺落し、右から左に剣の左鎬を用いて敵剣を抑える（写真2～5）。

仕太刀：直ちに、右左足と右前に連れ出つつ、敵両小手斬（又は右肩から袈裟斬）（写真6～7）。

仕太刀：左変、正面打して、上段残心（写真8～9）。

十三　反右足　裏

要諦

回し避け正面打（敵摺上正面打）、左足前出右足変更・袈裟切り

打太刀：交鋒より3歩引き脇構、3歩出て下段より中段交鋒の状態から、右足引き脇構に（写真1〜2）。

打太刀：右足出て、敵の剣を切り落とさんとする（写真3〜4）。

仕太刀：切り落とされないように右下に回して避け被り、上段より、右足出て正面打（写真3〜5）。

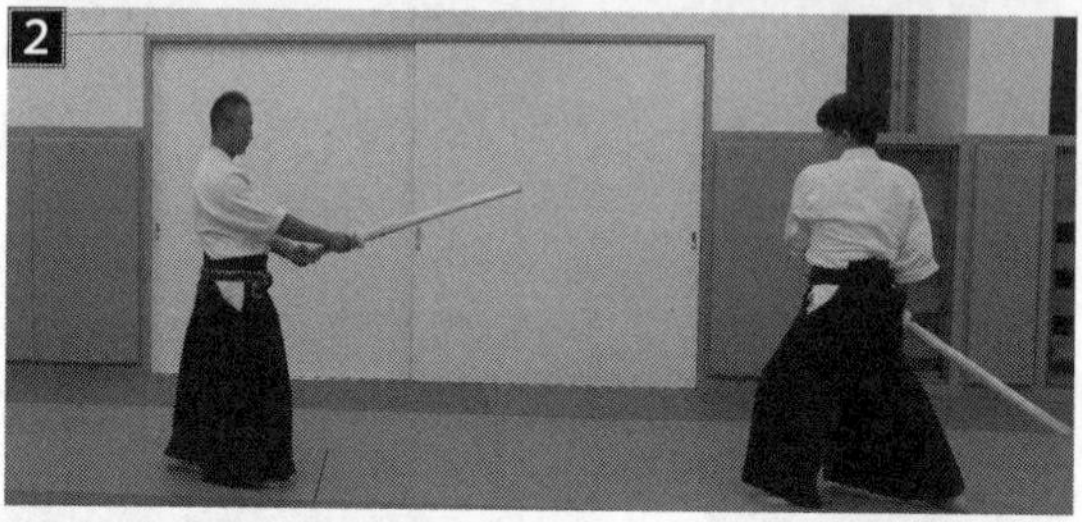

打太刀：右鎬で摺上げ、左上段、直ちに右足出て正面打（写真6～8）。

仕太刀：左足を少し左横前方に進め打ちをかわし、剣を我が左肩に担ぐ様に構え、右足を退き体右変更しつつ、腰の右回転により剣を振り下ろし、敵の右首の辺を袈裟に切り下げる（写真7～9）。

6

7

8

9

十四　反左足　表

要諦

脇構の変更鎬払落（敵袈裟、正面打）
左足退きかわし・変更表鎬払落、右足退きかわし変更裏鎬払落、正面打

打太刀：交鋒より3歩引き脇構、3歩出て下段より中段交鋒の状態から、竪本覚（写真1）。

打太刀：右足出て敵の左肩から頭を斬っていく（写真2〜3）。

打太刀：再度右足引き上段に振り被り（写真4〜5）、

仕太刀：中段交鋒の状態から、右足退き、左肩を前に出し、脇構（写真1）。

仕太刀：右足右前に出て、左足退き体左変更しつつ、刀の表で左に払落す（写真3〜4）。

打太刀：右足出て、正面打ち（写真6）。

仕太刀：左足左前に出て、右足退き体右変更しつつ、刀の裏で右に払落し（写真6～7）

仕太刀：右足出て正面打（写真8～9）

十四　反左足　裏

要諦

脇構の変更払落（敵袈裟、突き）左足退きかわし・変更表鎬払落、右足退きかわし変更裏鎬払落、正面打

打太刀：交鋒より3歩引き脇構、3歩出て下段より中段交鋒の状態から、竪本覚（写真1）。

打太刀：右足出て敵の左肩から頭を斬っていく（写真2～3）。

打太刀：落とされるや、両手を右に退き（写真4～5）、

1

2

3

4

5

仕太刀：中段交鋒の状態から、右足退き、左肩を前に出し、脇構（写真1）。

仕太刀：右足右前に出て、左足退き体左変更しつつ、刀の表で左に払落す（写真3～4）、

打太刀：直ちに、裏突き（写真6）。

仕太刀：左足前に出て、右足退き体右変更しつつ、刀の裏で右に払落し（写真6〜7）、

仕太刀：右足出て正面打ち（写真8〜9）。

十五　水車

要諦

左右水車より左右表裏鎬の払落仕懸ける大事

打太刀・仕太刀：交鋒より3歩引き脇構、3歩出て下段より中段交鋒の状態から、3歩退き脇構（写真1）。

打太刀：ゆっくり右足出て下段より中段に（写真2）。

仕太刀：脇構より、右脇で小さく剣先を左廻りに回転させ（水車）、歩み足で出て敵に近付きつつ、太刀を段々大きい回転にして、高くなった所で、右から左に敵剣を刀の表で払落す（写真2～5）。

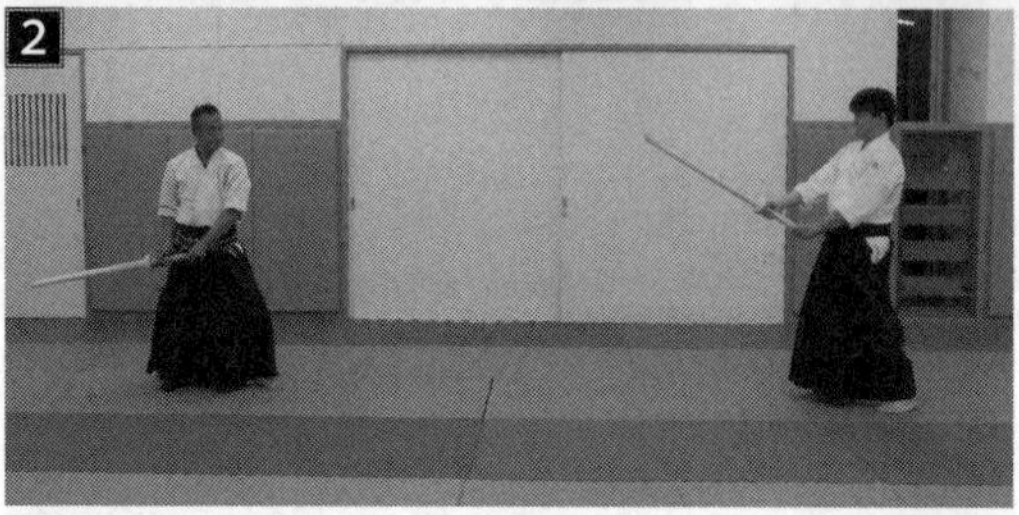

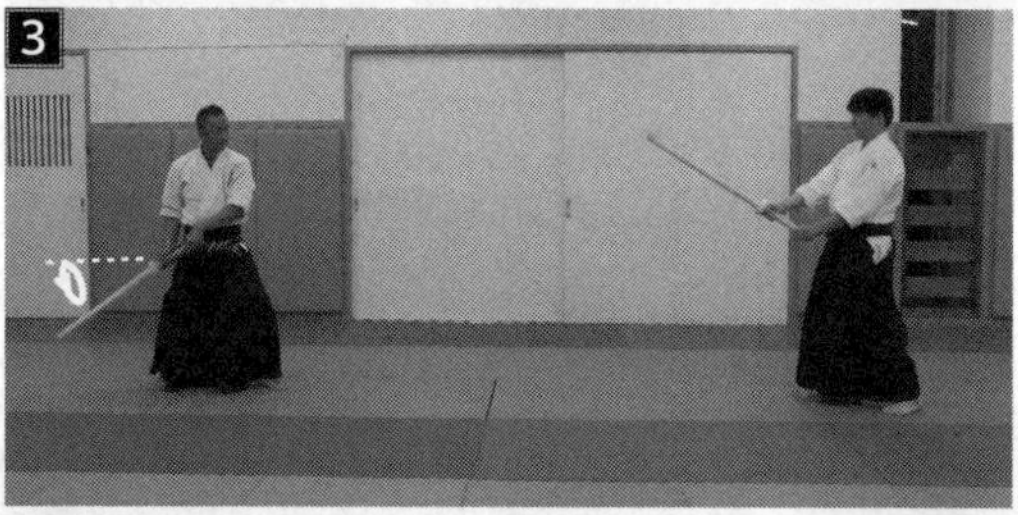

打太刀：打ち落とされるや、直ちに、引き下がり間を取り、左上段に構える（写真6～7）。

仕太刀：直ちに、剣を左に下げたまま、元に退き下がり間を取り、左脇構に（写真6～7）。

6

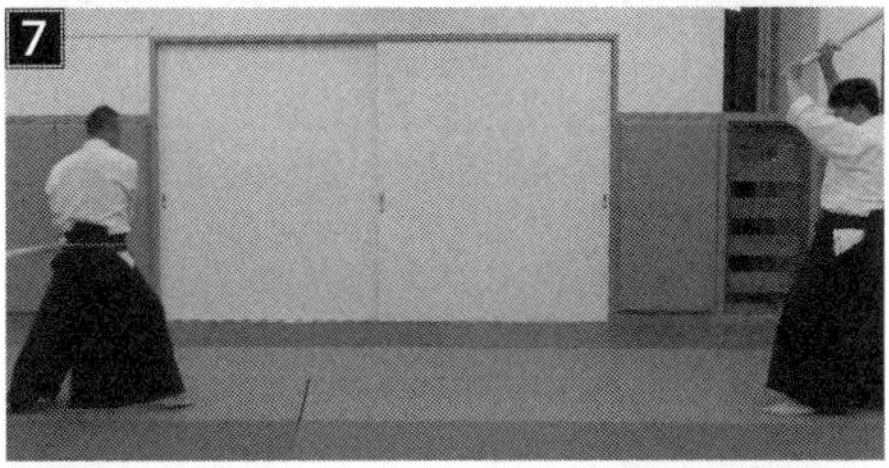
7

8

9

10

打太刀：間合いが詰まるとみるや、右足出て正面打（写真9～10）。

仕太刀：右回りに剣先を回転させつつ（水車）、じりじりと歩み足で近寄り、間合いを詰める（写真8～9）。

仕太刀：刀を大きく回して、左足出て、打ち来る剣を左から右に刀の裏で払落し（写真9～11）、

11

12

13

仕太刀：即、右足出て、正面打ち（写真12～13）。

◆刃切合組之太刀（5本…十六～二十）

要諦　先（敵下段より中段に上げ構え変わるを、正面打）

十六　頭上剣（一）

仕太刀・打太刀：交鋒より3歩下がり脇構、3歩出て、間に入り、下段（写真1～5）。
（「刃切合組」は原則としてここから仕太刀が下段または上段より先に仕掛けて切り合いが始まる形とする。）

1

2

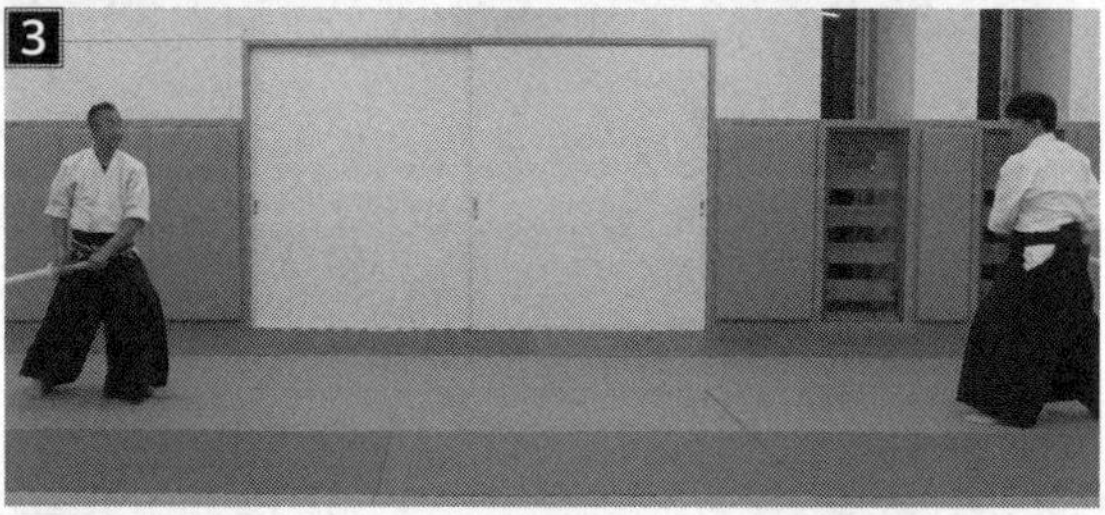
3

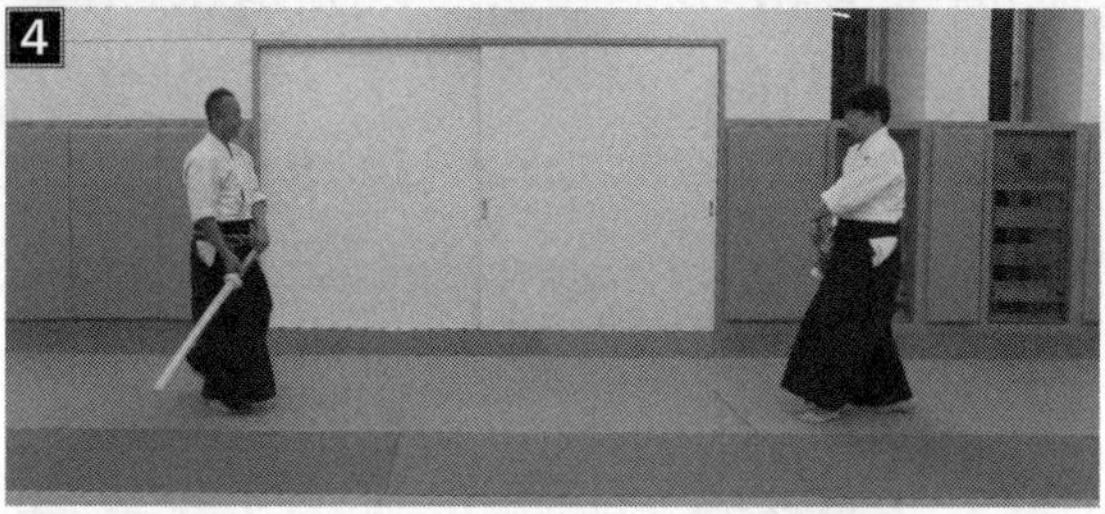
4

5

打太刀：ゆっくりと下段から中段に構えんとする時（写真6〜7）、

仕太刀：僅かに遅れて、下段より中段になろうとして、敵が中段になるより少し早く（正になろうとしたその時）、その先を取って、（又は脇構より）振り被り、敵正面打（写真6〜9）。

十六　頭上剣（二）

要諦

先（敵下段より中段に上げ構え変わるを、剣先を抑えて正面打）

仕太刀・打太刀：交鋒より3歩下がり脇構、3歩出、間に入り、下段。
打太刀：ゆっくりと中段に構えんとする時（写真1）、

打太刀：下段より、敵の中段の太刀先を左方に払い（抑え）（写真2）、

打太刀：振り被り、敵正面打（写真3～4）。

十六　頭上剣（三）

要諦

左上段より正面相打ち弾き、偬正面打

仕太刀・打太刀：交鋒より3歩下がり脇構、両者2歩出て、上段に振り被り、右足出て（3歩目）正面に打ち合う（写真1～3）。

仕太刀：敵太刀を強く弾いて、（手の内の作用。本来の妙剣の切落の要領で。）まま、敵正面打に勝つ（写真4～5）。

十七　右足

要諦

連拍子上段小手。正面打を敵が摺上て上段に、連拍子に右足出て左上段小手打

仕太刀・打太刀：交鋒より3歩下がり脇構、3歩出、間に入り、下段。

打太刀：3歩出て、下段よりゆっくり中段に構えんとする時（写真2）。

仕太刀：2歩出て、左上段に振り被り、右足出て（3歩目）正面打（写真3〜4）。

打太刀：左右足と引き連れつつ、表で摺り上げて、右上段となる（写真4～5）。

仕太刀：連れ拍子に右足出て、上段の左小手を斬る（写真5～6）。

十八　左足（3本）

要諦

入身変更横面（首）打、被受入身変更横面（首）打。切落入身変更横面（首）打の大事。

①敵正面打、右足出て（入身）、左足変更・左横面（首）打

仕太刀・打太刀：交鋒より3歩下がり脇構。

打太刀：3歩出て、下段よりゆっくりと中段に構えんとする時（写真1）、

仕太刀：2歩出て、左上段に振り被り、右足出て（3歩目）正面打（写真1〜2）。

打太刀：仕太刀の面に来るのを摺り上げ、正面打（写真2〜4）。

仕太刀：面に来るのを、右足退き右変更し、左半身脇構に体捌き打ちを避ける（写真4〜5）。

打太刀：右足退き、左上段に構えるや、右足出て正面打（写真5〜6）。

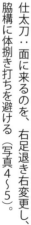

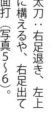

①

仕太刀：打太刀の斬り下ろす剣の下を、右足を右前方に出て、潜り抜け、左足を右後に引き変更し、体捌きで敵左横面打（写真6～7）。

6

7

十八　左足

②

（写真1～5は214ページに共通）

要諦

②敵正面打、右足出て被受し、左足変更・左横面（首）打

仕太刀：打太刀の斬り下ろす剣の下を、右足を右前方に出て、潜り抜けつつ剣先を左体側に垂らし敵正面打を除けて（写真6～7）、

仕太刀：左足を右後に引き変更し、体捌きで敵左横面打（写真8～10）。

③

（写真1～5は214ページに共通）

要諦

③敵正面打、右足出て切落し、左足変更・左横面（首）打

6

7

仕太刀：打太刀の斬り下ろす剣の下を、右足を右前方に出て、潜り抜けつつ敵剣を打落し（写真6～7）。

8

9

10

仕太刀：左足を右後に引き変更し、体捌で敵横左面打。（写真8～10）。

十九　左右の腰身

要諦

被受の大事。上段よりの右左胴の被受防御。被受よりの攻撃変化正面打。

仕太刀・打太刀：両者勢眼交鋒より3歩下がり脇構、両者3歩出、間に入り、下段に構え（写真1）。

打太刀：ゆっくりと中段に構えんとする時（写真2）。

打太刀：抑えられ、右足退き外し（写真4〜5）。

仕太刀：下段より、敵の中段の太刀先を左方に抑える（写真2〜4）。

打太刀：左上段に構え、右足出て正面打（写真6～7）。

打太刀：（摺上げて右上段の）仕太刀の右胴を、右足をちょっと退き、左上段に構えるや、直ちに右足出て、打つ（写真8～9）。

6

7

8

9

10

仕太刀：面に来るを、左右足と連れ退き、大きく裏で摺上げて、右上段（写真7～8）。

仕太刀：左に左足右足と連れ避け、剣先を右体側に垂らし（右被受）、刃の側で、敵の右胴打ちを被り受けるや、正面打（写真9～11）。

打太刀：右足退き、高霞に受け、即、右足出て、仕太刀の左胴を打つ（写真11～13）。

11

12

13

14

15

仕太刀：右に右足左足と連れ避け、剣先を左体側に垂らし（左被受）、刃の側で、敵の左胴打ちを被り受けるや、正面打（写真12～15）。

二十　逆の払い

要諦

反右足表からの足掛け、切返し後倒しへの変化発展。摺上、摺落、附け入り、鍔競り押上げ崩し、鍔競り外し崩しの大事。

仕太刀・打太刀：両者勢眼交鋒より3歩下がり脇構（写真1）。

打太刀：3歩出て、ゆっくりと下段から中段に構えんとする時（写真2）。

仕太刀：僅かに遅れて歩み、敵が中段になるより少し速く、その先を取って、2歩出て、左上段に振り被り、右足出て（3歩目）正面打（写真2～3）。

打太刀：左足右足と連れ退き、摺上げるや、右足出て正面打（写真3～5）。

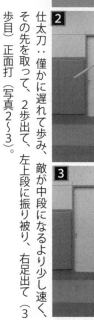

打太刀：鍔競りに負けじと、左方に抑え返さんとする（写真7～8）。

仕太刀：右足出て、摺上げ、左足出て、摺落し（反右足表の如し）、敵鍔元に付け入り、左方（敵右方）に抑えんとする写真5～6）。

仕太刀：敵が右方に返さんとする勢いを外し、刀の鍔元で敵刀、又は、右前腕で敵太刀柄、又は、敵左手前腕を下より上方に押上げ、敵体を浮かし崩し、自分の剣の刃を敵の左首に当て、左後方に敵剣を押し抑えつつ、右足敵右足後入り右足の踵を敵右足の後ろに差し入れ掛け、右腕の肘で相手を押しつつ、右足で足掛け、敵を後ろ倒すや、即正面打、左上段に構え、残心（写真8～12）。

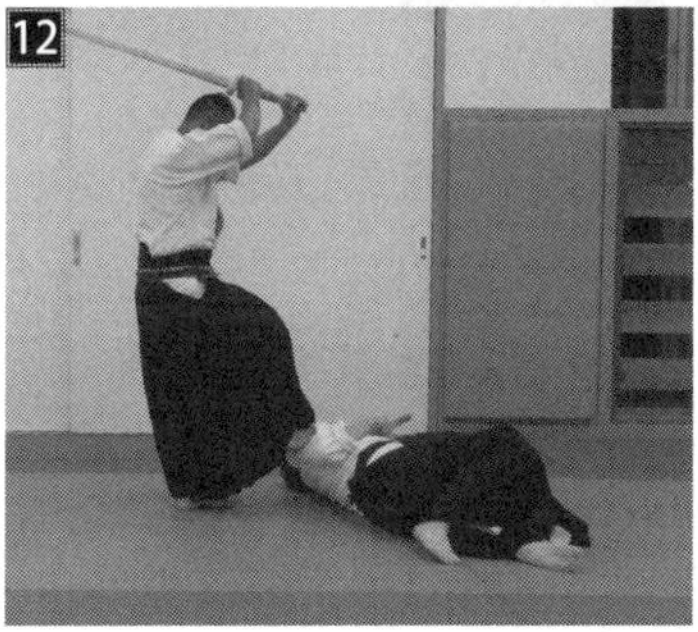

◆小太刀術（6本）

一　洞入り（左右払い入り）

仕太刀・打太刀：両者小太刀、太刀を合わせ、3歩下がり脇構え（無構え）（写真1）。

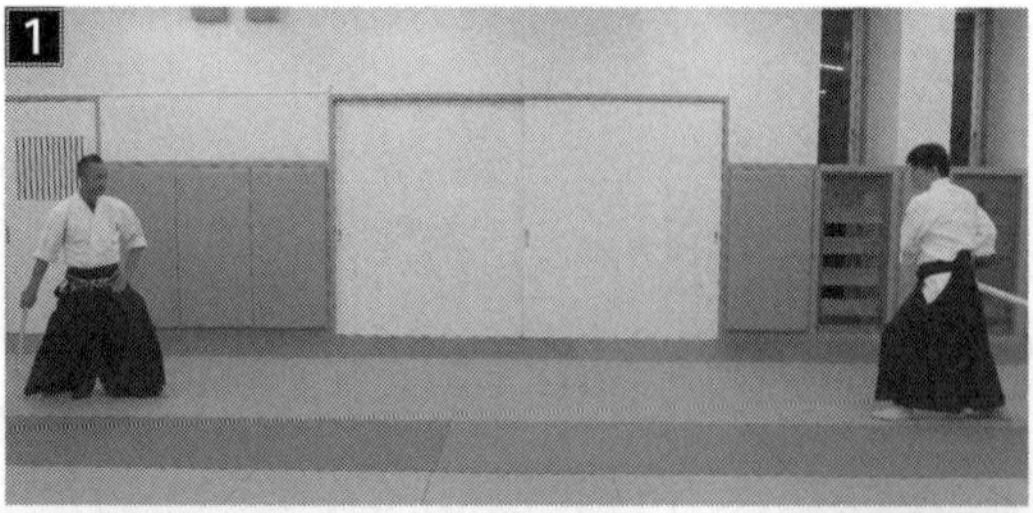

打太刀：出ながら中段になり、間合いに入り、正面打（写真2～4）。

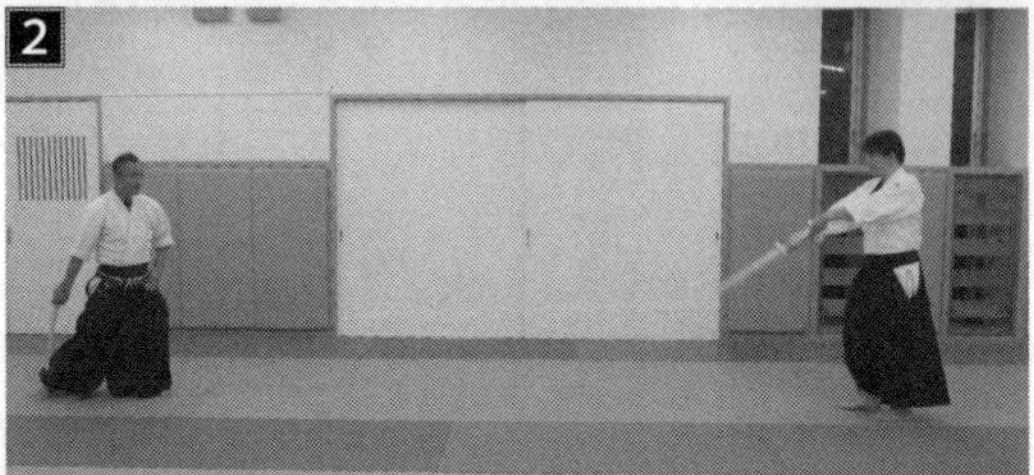

仕太刀：手を下げたまま出て行く（写真2）。

仕太刀：前方に出て、敵太刀を左に摺り落とし、付け入る（写真4～5）。

打太刀：抑えられた太刀を外すべく、2、3歩退く（写真5）。

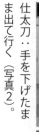

打太刀：外した太刀を上段に被り、正面打（写真6〜7）。

仕太刀：左に体を捌き入って、敵太刀を右に摺り落し、更に、鍔元に摺り入り抑え、左手で敵右肘を順掴み制し崩し、面を打ち、勝つ（写真7〜10）。

二　被り受け入り

仕太刀・打太刀：両者小太刀、太刀を合わせ、3歩下がり脇構え（無構え）（写真1）。

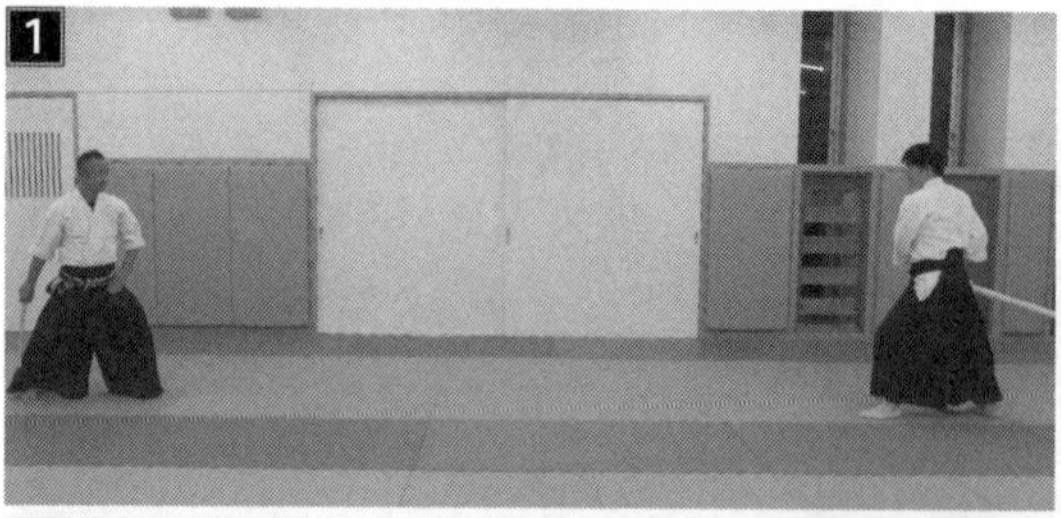

打太刀：出ながら中段になり、間合いに入り、正面打（写真2～4）。

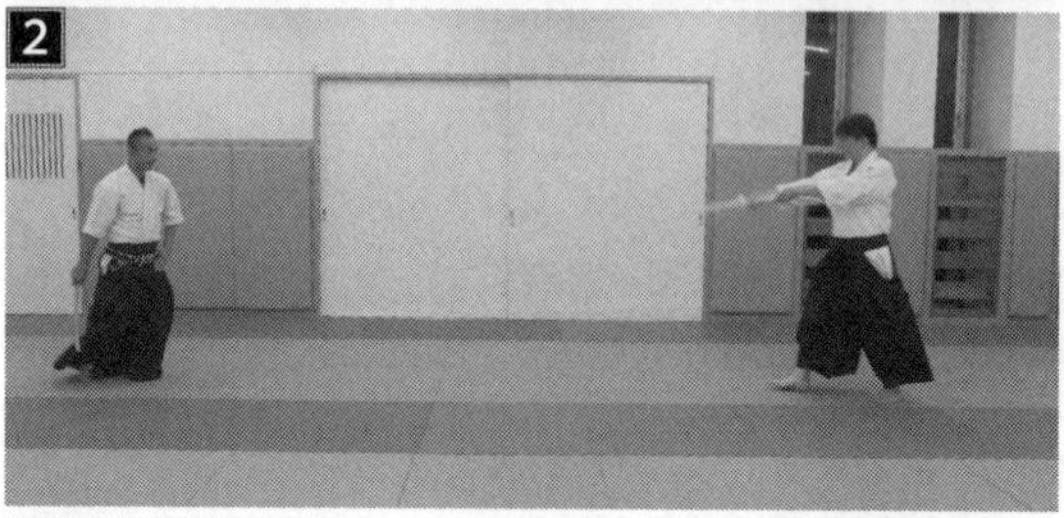

仕太刀：手を下げたまま、出て行く（写真2～3）。

仕太刀：敵太刀を左被り受けして左に流し、面を打ち、正眼に（写真4～6）。

打太刀：2、3歩退り、上段より、正面打（写真6〜8）。

仕太刀：体を左に捌き入って、右被り受けして右に流し、左手で敵右肘を順掴み制し崩し、面を打ち、勝つ（写真8〜10）。

三　上段

仕太刀・打太刀：両者小太刀、太刀を合わせ、3歩下がり脇構え（無構え）（写真1）。

打太刀：中段に構え、間合いに入り、突く（写真2〜3）。

仕太刀：上段に構え出て行く（写2）。

師曰「上段に構える時、峰を我が頭に付ける。乗せる。そうすると敵の動きがよく見える。

仕太刀：敵太刀を左に添い付け払い落し付け入る（写真3〜5）。

打太刀：2、3歩退り、太刀を引き外し、再び突く（写真6〜7）。

仕太刀：敵太刀を右に添い付け、太刀を返し、敵太刀の鍔元に入る。左手で敵右肘を順掴み制し崩し、面を打ち、勝つ（写真7〜10）。

四　柄上げ　表（正面打柄上げ突き）

仕太刀・打太刀：両者小太刀、太刀を合わせ、３歩下がり脇構え（無構え）（写真１）。

打太刀：中段に構え、間合いに入り、上段より正面打（写真２〜４）。

仕太刀：上段に構え出て行く（写真２）。

仕太刀：敵太刀を左に添い付け外し入り（写真４〜５）、

師曰「肩より下に落さない」

仕太刀：左手にて敵太刀の中柄を取り上げ崩し、突き、勝つ（写真6〜7）。

四　柄上げ　裏（正面打上段付け入り上げ突き）

仕太刀・打太刀：両者小太刀、太刀を合わせ、3歩下がり脇構え（無構え）（写真1）。

打太刀：中段に構え、間合いに入り、上段より正面打（写真2～4）。

仕太刀：上段に構え出て行く（写真2～3）。

仕太刀：敵太刀を左に添い付け落し入る（肩より下に落ちた場合）（写真4～6）。

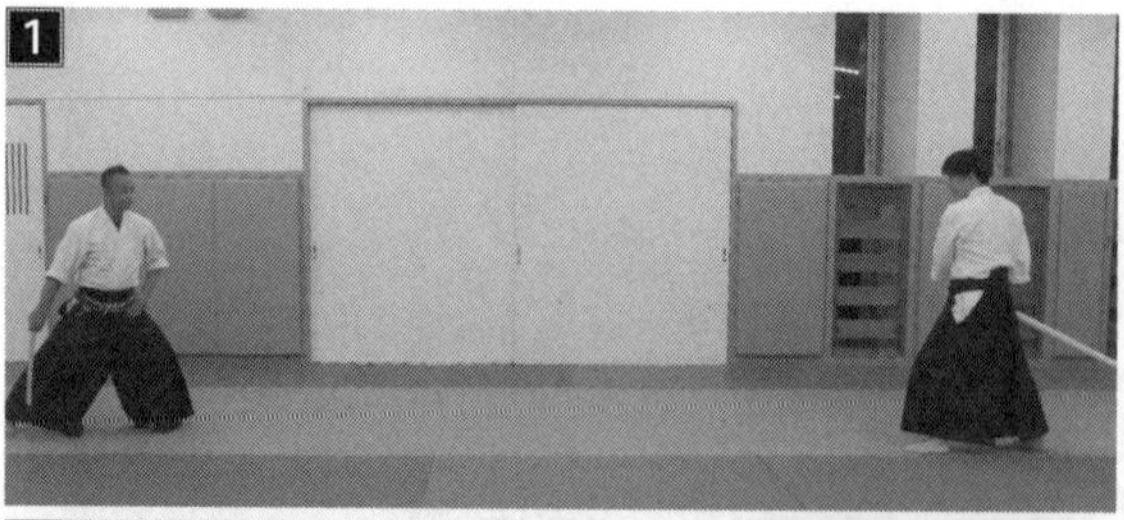

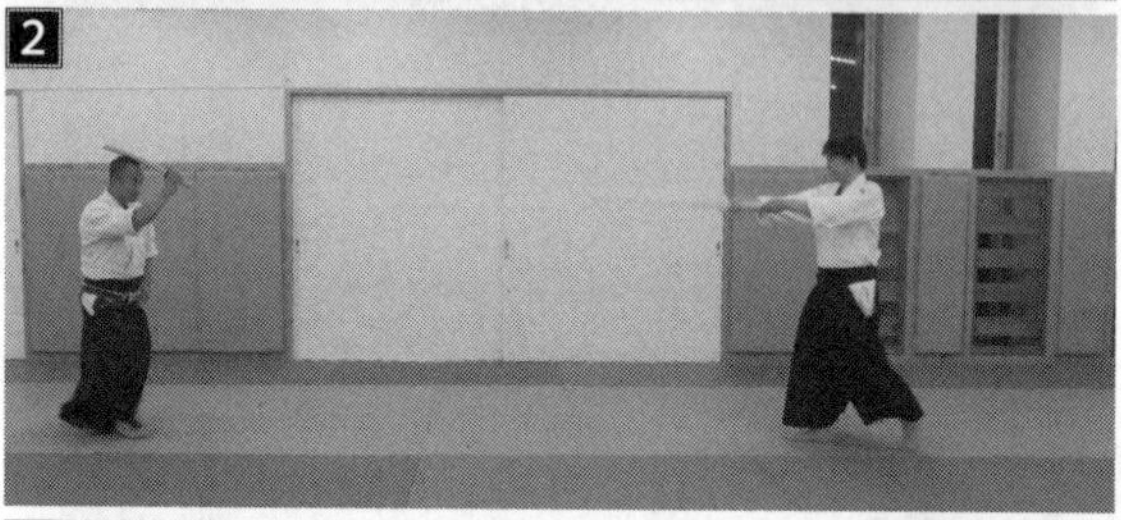

打太刀：1、2歩退り、押え付けられている太刀を抜き、上段に被る（写真6～7）。

仕太刀：すかさず入り、我が左手で敵右肘を逆掴み上げ崩し、突き、勝つ（写真7～8）。

五　左右之霞　表（左横面打ち、右胴打ち）

仕太刀・打太刀：両者小太刀、太刀を合わせ、3歩下がり脇構え（無構え）（写真1）。

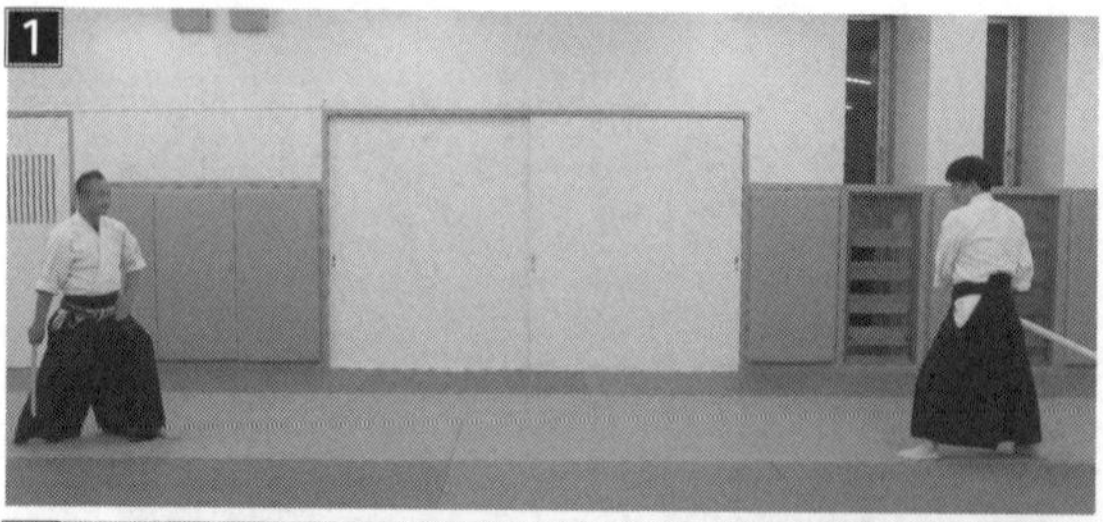

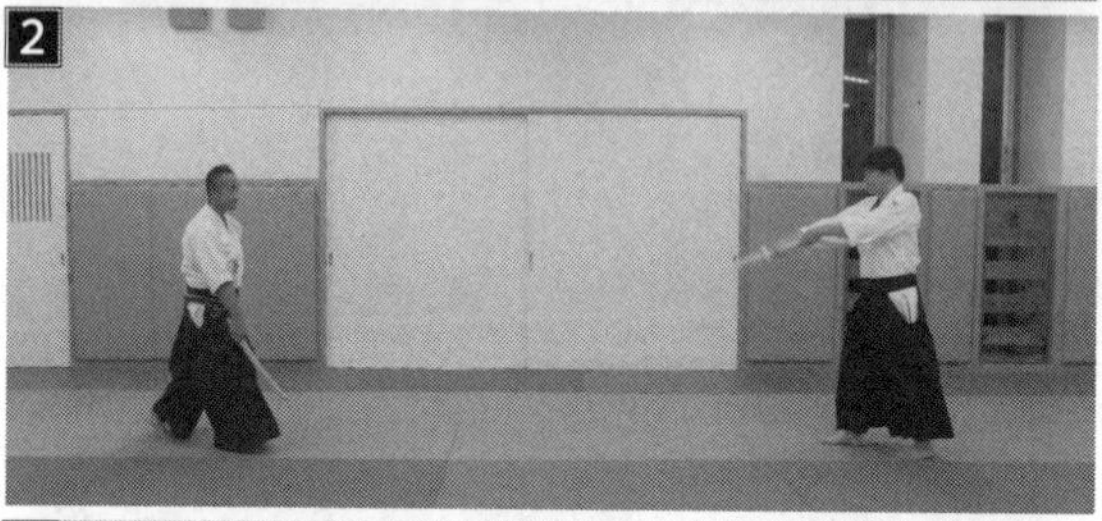

仕太刀：下段に構え出て行く（写真2〜3）。

打太刀：右上段に構え、間合いに入り（写真3）、

打太刀：右足出左横面打（写真4）。

仕太刀：1歩進んで、霞に受ける（又は左に払う）（写真4）、

打太刀：すかさず、左足出右胴を打つ（写真5〜6）、

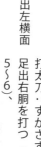

6

7

8

9

仕太刀：太刀を回して、被り受けの様に受け、左足を進め、右前方に付き、我が左手にて敵右肘を掴み制し、面を打ち、勝つ（写真6～9）、

五　左右之霞　裏（左横面打ち、右横面打ち）

仕太刀・打太刀：両者小太刀、太刀を合わせ、3歩下がり脇構え（無構え）（写真1）。

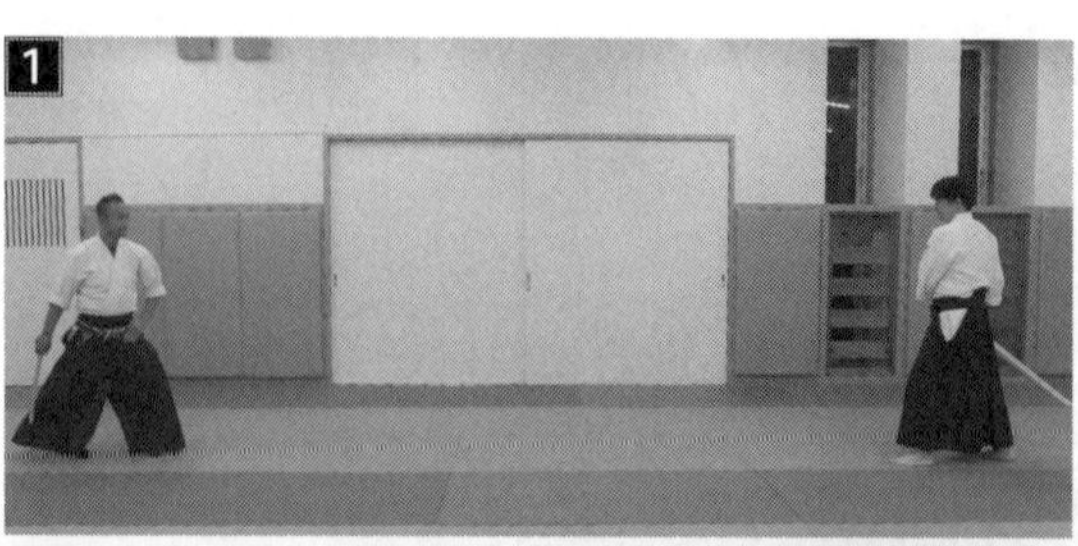

仕太刀：下段に構え出て行く（写真2）。

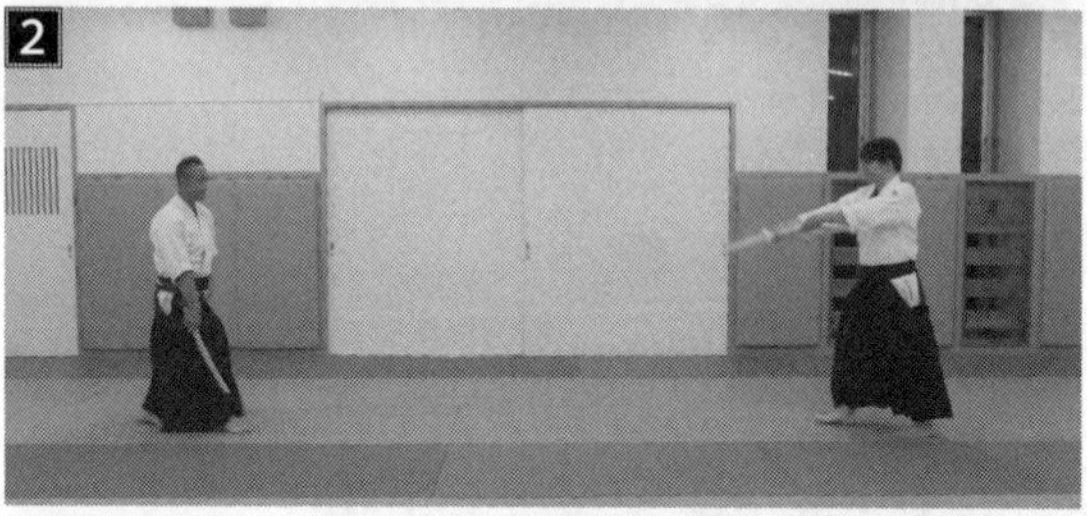

打太刀：右竪本覚に構え、間合いに入り、左横面打（写真3〜4）。

仕太刀：1歩進んで、霞に受ける（または左に払う（写真4）。

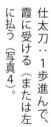

仕太刀：小太刀を回して、被り受けの様に受け、左足を進め、右前方に付き、我が左手で敵右肘を逆掴み制し崩し、面を打ち、勝つ（写真6～9）。

六　抜き打ち付け　表（帯刀、抜き打ち）

両者歩み寄り、

打太刀：太刀を腰に差し、3歩下がり礼（写真1）。

仕太刀：小太刀を腰に差し、3歩下がり礼（写真1）。

打太刀：鞘ごと前方に出し、抜き打ちの構え（写真2）。

仕太刀：鞘ごと前方に出し、それに備える（写真2）。

打太刀：抜き打ち（写真3）。

仕太刀：抜き付けて、左足出て、（左手を太刀先に添えて）、敵太刀を右に払い抑え、敵太刀を制する（写真4～5）。

打太刀：2、3歩退がり、振り被り、正面打ち（写真6～8）。

仕太刀：左に払い、添い付け入り、左手を添えて制し、近間に入りつつ、敵手首を左手で抑え、突き（または面を打ち）、勝つ（写真7～10）。

師曰：左手で敵太刀又は手を抑える時は握ってはいけない。抑えること。

六　抜き打ち付け　裏（帯刀、抜き打ち、外して突く）

打太刀：太刀を腰に差し、3歩下がり礼（写真1）。

両者歩み寄り、

打太刀：鞘ごと前方に出し、抜き打ちの構え（写真2）。

打太刀：抜き打ち（写真3～4）。

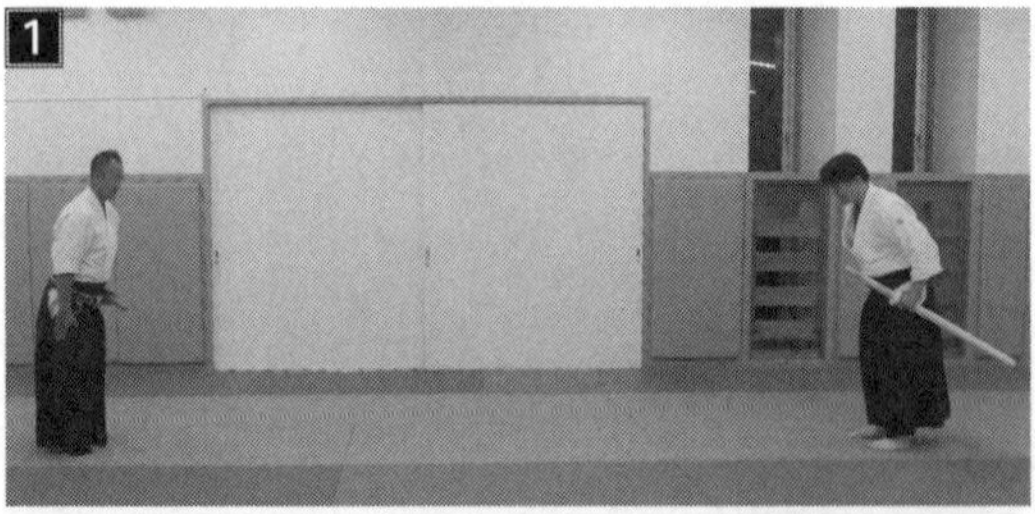

仕太刀：小太刀を腰に差し、3歩下がり礼（写真1）。

仕太刀：鞘ごと前方に出し、それに備える（写真2）。

仕太刀：抜き付けて、（左足出て、左足を添えて）敵太刀を制する（写真3～5）。

打太刀：2、3歩退がり、振り被り、正面打ち（写真6〜7）。

仕太刀：左に払い、添い付け入り（左手を添えて制し）、近間に入る（写真7〜8）。

打太刀：制せられている太刀を持ち上げんとする（写真9）。

仕太刀：すかさず、外して、突き、勝つ（写真9〜10）。

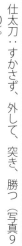

小太刀術の柔術展開

太刀より短い片手刀を用いる小太刀術は、より徒手の体動に近く、体得できていると柔術的技法（投げ、極めなど）への展開がしやすくなっている。参考までに、ここに小太刀之術から柔術技法への展開例を四手ほどご紹介する。

Ⅰ「洞入り」（222頁）柔術展開

打太刀：正面打（写真1〜2）。

1 仕太刀：手を下げたまま出て行く（写真1）。

2 仕太刀：前方に出て、敵太刀を右に摺り落し、左に体を捌き入って、付け入り、左手で相手右手首をとらえる（写真2〜3）。

3

仕太刀：両手で敵手元をとらえ、振り上げながら斜め前方へ踏み出る（写真4）。

仕太刀：右回りに振り返り、投げ落とす（写真5〜6）。

II「上段」（226頁）柔術展開

打太刀：踏み込みつつ、突く（写真1〜2）。

仕太刀：敵太刀を右に添い付け、太刀を返し、敵太刀の鍔元に入る（写真1〜3）。

1

2

3

仕太刀：小太刀で敵太刀をとらえつつ、中柄をつかみ、太刀を奪いつつ前方に投げ放つ（写真4〜5）。

4

5

Ⅲ「柄上げ（表）」（228頁）柔術展開

打太刀：間合いに入り、上段より正面打（写真1〜2）。

仕太刀：上段に構え出て行く（写真1）。

1

2

仕太刀：敵太刀を左に添い付け外し入り、左手にて敵太刀の中柄を取り上げ崩しつつ、右手小太刀の柄を敵左手にかける（写真2〜3）、

3

仕太刀：引き崩し、さらに右手小太刀の柄を敵右腋下にかけ、地に伏せさせる（写真4〜6）。

4

5

6

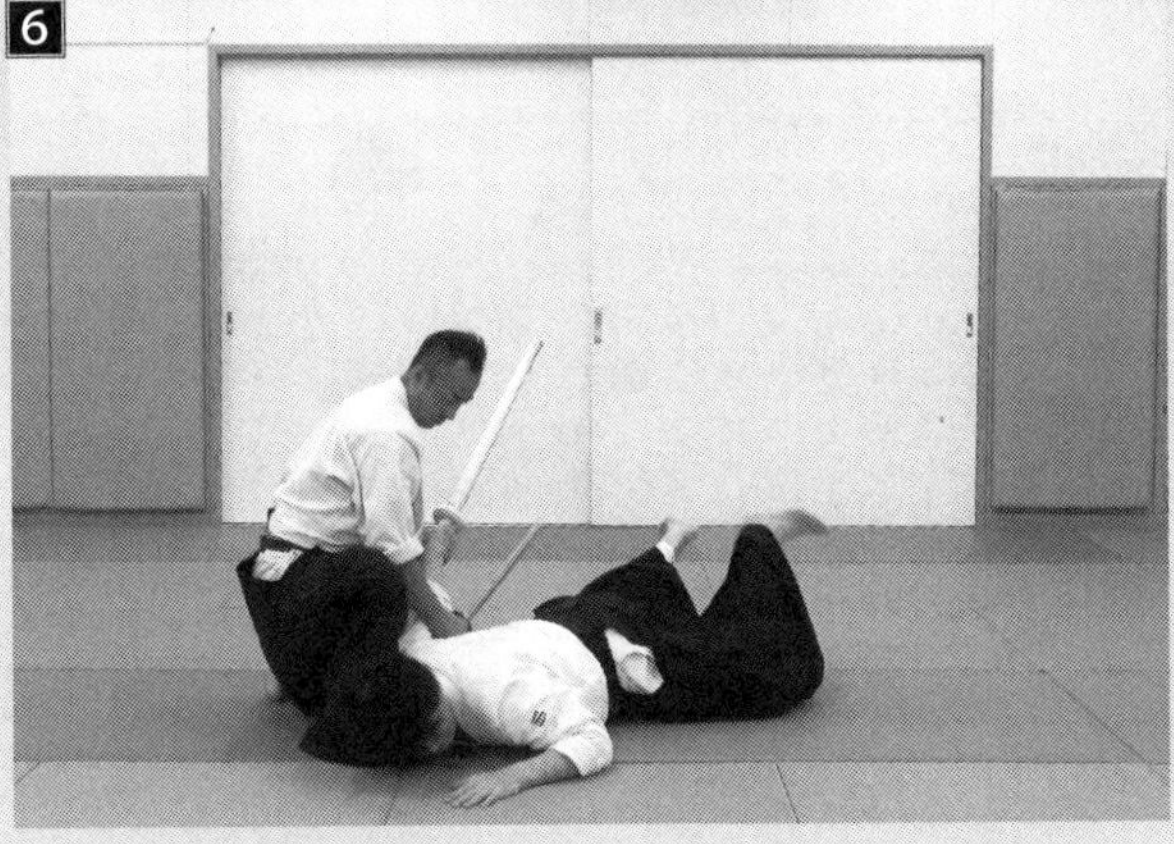

Ⅳ「抜き打ち付け（表）」（236頁）柔術展開

打太刀：抜き打ち（写真1～2）。

仕太刀：抜き付けて、左足出て、（左手を太刀先に添えて）、敵太刀を右に払い抑え、敵太刀を制する（写真1～3）。

1

2

3

仕太刀：敵右後方につき、手元を抑えつつ、後下方に肘を送るようにして我左膝に敵上体を叩きつけ、折る（写真4～6）。

4

5

6

徒手体術への応用

剣の形はいずれもその体動が徒手での体術に直結している。いくつか、ベースとなる剣術形名を示しつつ、それらがどのように徒手体術に応用されるか、事例を示して締めくくりとしたい。

Ⅰ 合気甲源一刀流 残身組「霞隠れ 表」（188頁）徒手体術応用

敵：右手で正面打（写真1～2）。

敵：左手で正面打（写真3～4）。

敵：打手を外にとらえ、つかむ（写真1～3）。

1

2

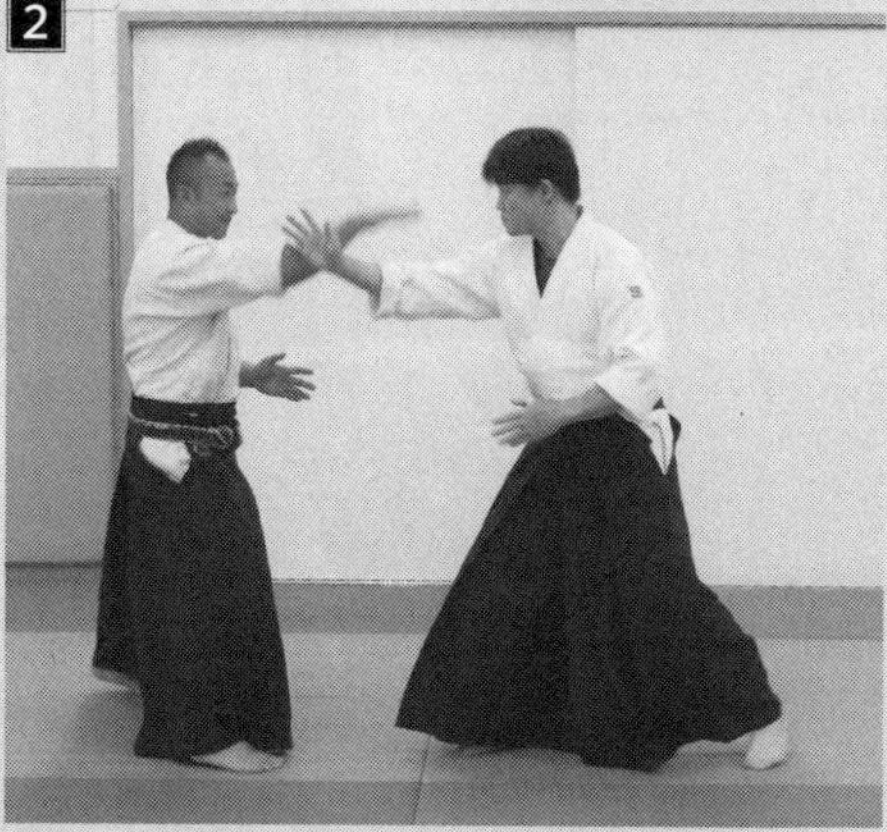

3

4

5

我：敵左打手を外にとらえ、巻き込むように下に崩し、敵両手を交差させる（写真4～5）。

6

我：敵左腋下をくぐるようにすくい上げつつ、右回りに変更し、振り返りつつ投げ落とす（写真6～8）。

7

8

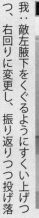

II　合気甲源一刀流　残身組「体当たり　表」（192頁）徒手体術応用

敵：右手で正面打（写真1～2）。

我：打ち下ろされんとする敵右肘を右手でとらえ（写真2）。

仕太刀：敵を上方に崩し、そのまま正面より、体当たりして後方に押し倒す（写真3〜4）

Ⅲ 合気甲源一刀流 残身組「反右足 裏」（200頁）徒手体術応用

敵：右手で正面打（写真1～2）。

我：敵打手をとらえ、敵体に巻きつけるようにして制す（写真2～3）。

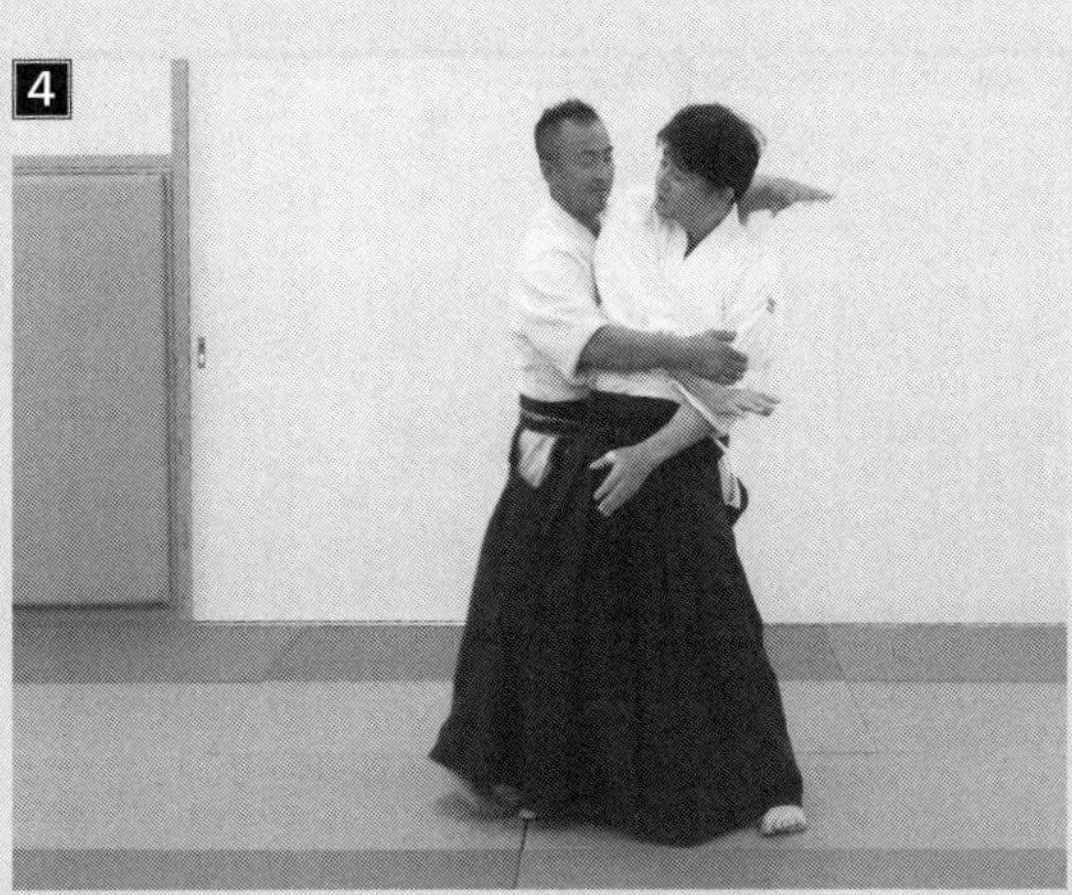

4 仕太刀：左足左前に出て、敵背後をとり（写真4）、

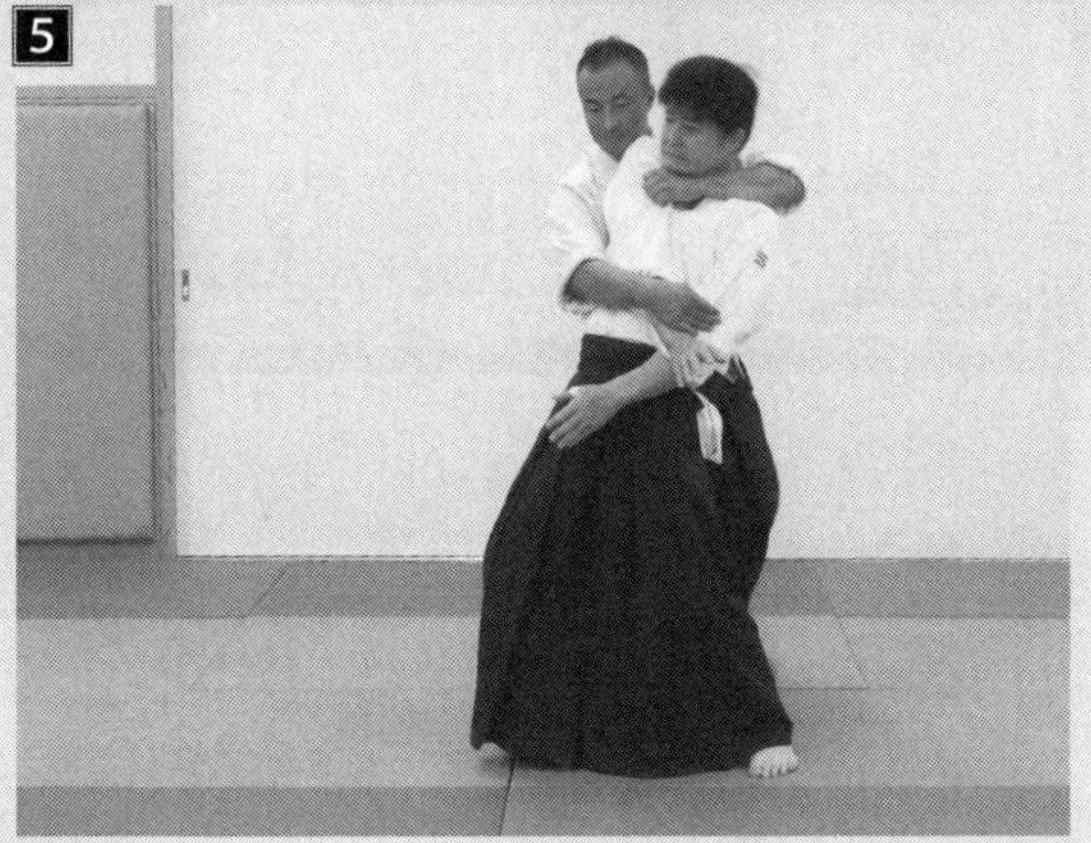

5 仕太刀：左手で敵首を襟締めにとらえ、後方に引き倒す（写真5～6）。

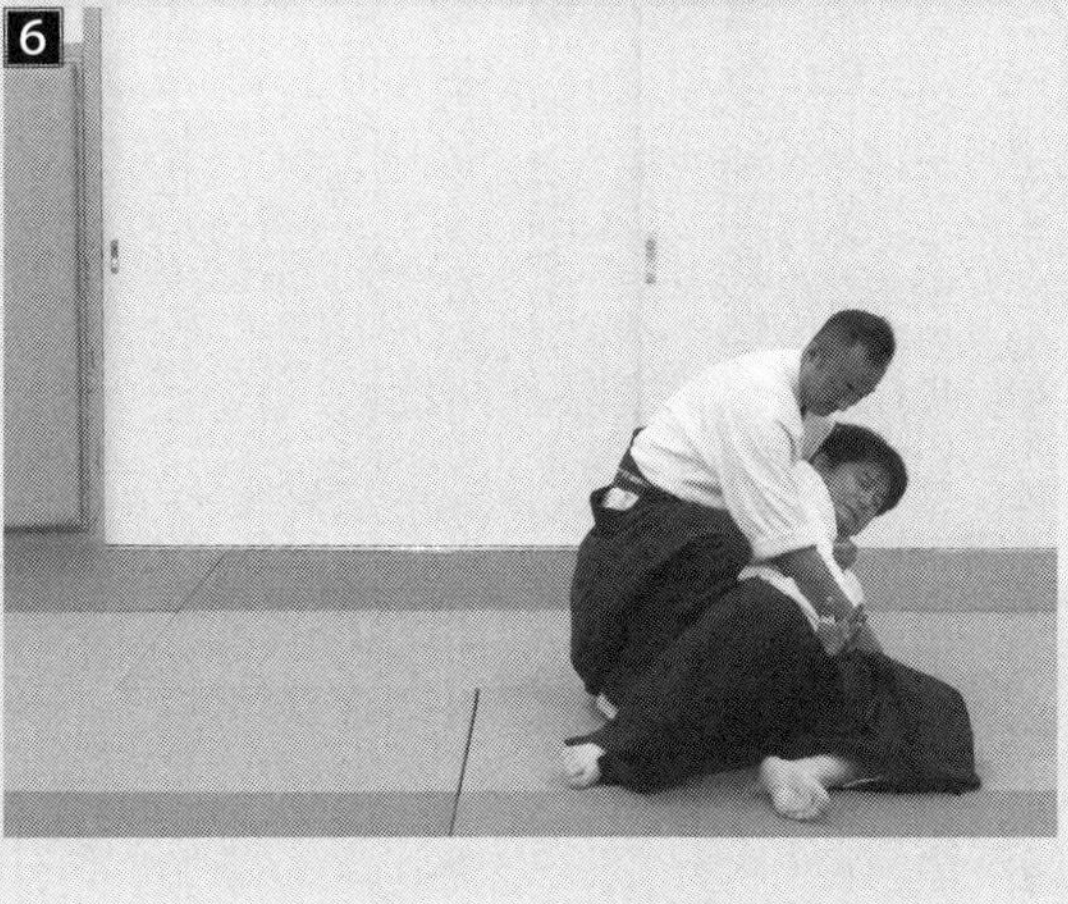

6

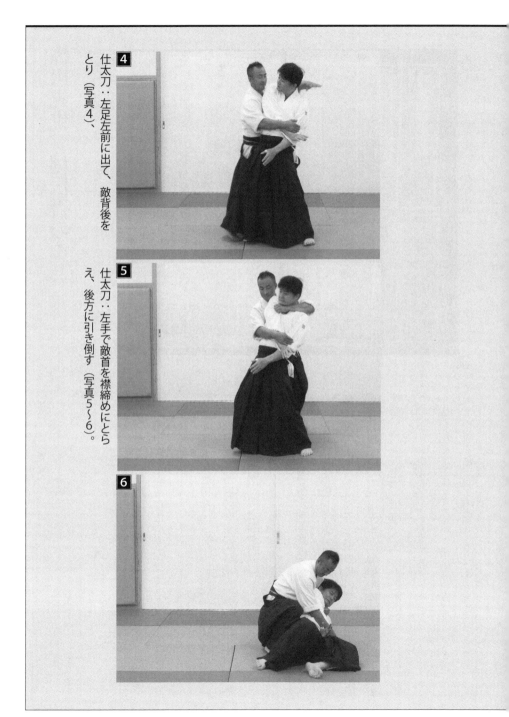

佐川先生　秘伝書のこと

佐川先生によるさまざまな秘伝書

先生の御子息、合気司家佐川敬行様より、先生の直筆傳書類の貴重な複製を拝領する事が出来ました。(前書き参照)

その貴重な秘伝書により、武田惣角先師の伝授の実体や、佐川先生の偉大な研究の足跡を辿り、大東流合気史の謎の一端を解き明かしましょう。

①「大東流合気柔術秘傳奥儀書大東流虎之巻」

大正13年1月22日より2月9日まで、遠軽郡で行われた、一ケ条より五ケ条までの基本段階の受講者と、共に、昼に佐川先生が初めて体系的に大東流を受講し、夜には、御尊父佐川子之吉先生と共に、秘伝奥儀の段階を受講されました。

大東流柔術一ヶ条教課　計四十五ヶ条

大東流柔術二ヶ条教課　計三十三ヶ条

大東流柔術三ヶ条教課　計五十五ヶ条
大東流柔術四ヶ条教課　計四十一ヶ条
大東流柔術五ヶ条教課　計四十三ヶ条

これが、知られざる武田先師の基礎段階一ヶ条から五ヶ条までの体系と、各本数です。

合計217手あります。

②「大東流合気柔術秘傳奥儀解釈上」

これは①の時に、佐川先生と子之吉先生とお二人だけで、夜間受講された大東流合気柔術秘伝奥義の受講記録です。

一、敵横より右手にて我の左衣紋を掴む事、の7手から講習が始まりました。

全てでは、89種の想定（重複はあります。以下同断）に合計248手が記録されております。

③「大東流合気柔術秘傳奥儀解釈下」

②と合冊になっています。

昭和7年4月16日から5月16日まで31日間。第2回目の秘伝奥義の講習です。

札幌のご自宅に武田先師をお迎えして、受講されました。

この時は、

一、敵両手にて我の両手首を掴む事の4手から講習が始まりまして、89種の想定で合計274手を記録されています。

④「第三回目の秘伝奥義の受講」

昭和10年12月2日より同8日まで7日間。

第3回目の秘伝奥義の講習です。

札幌のご自宅に武田先師をお迎えして、受講されました。

なおこの記録は、製本されていません。罫紙にペン書きの原稿のまま残されていました。

この時は、

合気之術（体合気）

「左の技は今まで何回も教わりし事なるも先生のかたちを忘れぬ様に書き留む」

の前書きに続き、

敵右手にて我の左衣紋を掴む事。の一手に始まり、

全てでは、想定31種、計86手が記録されています。

⑤「合気行脚　極秘合気柔術奥儀」

昭和11年、武田先師より、講習の旅に同行するよう要請があり、急遽駆けつけたそうです。若き日の武田時宗師範も同行されていました。武田先師の講習を勧誘するなどご苦労があったとお聞きしました。

この講習の旅行中に、武田先師が、受講者に教授、演武されたものから学ばれた覚え書きです。

一、敵右拳にて打ち掛かる事

一、敵右手にて掴掛る事

の3手から始まり、

全てで想定47種、総計83手が記録される。

なお、37項には、

「三ヶ条掴み方鍛錬すべし」の項目があり、「一、埼玉県警察署にて館岡六段（柔道か）を掴みし、掴み方忘るるべからず

敵体をして少しかがめしめ、伸びるも、トンボ返りするも、出来ぬ様になすべし。」

武田先師三ヶ条極が素晴らしかった、とお聞きしました。

⑥「大東流合気柔術八拾四ヶ条及び解釈」

昭和14年8月26日より、9月4日まで10日間。

武田惣角先師お宅にて。

この時は、北海道北見国白滝の十河忠衛（54歳）という方と、一緒に受講されました。ちなみに佐川先生は38歳です。

この時、武田先師は合気柔術八十四ヶ条の技法を確立していたようです。11項には、

「八十四ヶ条の特徴

一、敵の中心崩し、動かさず、

一、足を搦み踏み動かさず。

一、敵を俯せ肩抜き足にて種々技するなり」

の秘伝が記されています。

この時の伝授は、

一、敵右拳にて我之頭上を打つ事　の6手に始まり、

全てで、想定90種、技法176手に及びます。

⑦「武田先生（会津柳津温泉旅館の病床にて取りし合気技記録）

昭和16年5月12日

合気の呼吸
(一)仰臥せる先生之右手首を病床の左側より受て矢筈にてして掴む事
(一)同じく先生の之右手首を受手左手順にして掴む事

5月19日
(一)二ヶ条コバ返秘傳の掛け方。

等々、病床にて、武田先師からいくつもの秘伝の御教授を受けられたのです。

全てで、想定35種　総計68手が記録されています。

⑧「大東流合気柔術解釈総伝極秘書」

これは日付がありません。本の表紙に題簽(本の名称)が表題の通りに付いています。

これは表題の通り、佐川先生が、文字通り、武田先生の教えを解釈し、研究考察し、新たに技法を分類整理し纏めたもののように思われます。

一、敵右手にて我の左襟を掴まんとする事の5手に始まり、

全てで、想定152種　総計342手を数える。

ここまでで、記録技法数は、1822手と、厖大な数に上ります。まさに、武田惣角先師の体と手足が動くと、業を生み出していたようです。

佐川幸義先生も、同じく、体が動くと、様々な技法を生み出されておられました。

秘伝技①（佐川先生秘伝書より）

内四か条からのかつぎ

敵：我の両手首を上からつかみ来る（写真1）。

我：両手を差し上げ、内から外回しに、敵両手を内四か条（手首の内側を攻める極め方）に極める（写真2〜3）。

我：敵両肘を交差させて肩にかつぎ上げ、極め、折る（写真4〜5）。

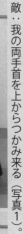

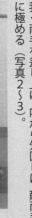

秘伝技②

内四か条からのくぐり

敵：我の両手首を上からつかみ来る（写真1）。

1

2

我：両手を差し上げ、内から外回しに、敵両手を内四か条に極める（写真2～3）。

3

4

我：敵両手を交差させながら左手を敵左腋下に差し入れ（写真4）、

5

6

7

我：敵左腋下をくぐり、右回りに振り返って敵両手を交差させたまま頭を落とさせ、中空に極める（写真5～7）。

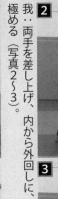

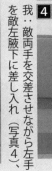

秘伝技③

四方投げ

敵：我の両手首を上からつかみ来る（写真1）。

1

2

3

我：右手をつかませたまま上から左手と交差させ（写真2～3）、

4

5

6

我：敵左脇に踏み出て、差し上げつつ右回りに振り返り、投げ落とす（写真4～6）、

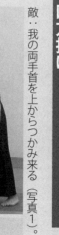

寄稿

剣術の理合で高める〝合気〟の真髄

野村暁彦

（『月刊秘伝』２０１４年３月号掲載記事より）

大いなる未完の武術体系

自分の道場を持たず、各地を巡り歩いて講習会形式で指導を行うという武田惣角の教授法は、7日もしくは10日を1単位とし、1日に十数手の技が伝授された。その指導法も、一つの技を一度かけたら、すぐさま次の技をかけて見せるといった具合で、同じ技が繰り返されることはまずなかった。もちろん理論的説明も一切ない。このような教え方では、たとえ大東流でなくとも習得は困難である。

武田惣角が伝えた大東流には一ヶ条から五ヶ条までの基本体系がある。一ヶ条には核となる〝一ヶ条の極め技〟があり、様々な攻撃を仕掛けてくる相手を一ヶ条の極め技で制圧することを学ぶ。以下、二ヶ条では〝二ヶ条の極め技〟で、三ヶ条では〝三ヶ条の極め技〟で……という具合に、少しずつ高度な技に移行しつつ、それぞれの段階で核となる技法とその応用を学ぶという、他の柔術流派には見られない独特の体系を持っている。

五ヶ条までは、基本的に同一の構成になっており、これらを以て、大東流の初伝、中伝、上伝と見做すことが出来ると考えられる。ただし、五ヶ条については伝承者によって技法やその解釈が異なり、さらに六ヶ条より先になると様々な応用変化や秘伝技が伝授され、体系的に整えられてはいない。元来の「大東流」は、武術としての完成度は高くとも、伝承可能な流派としては未完成の状態だったと考えられる。

武田惣角より「合気之術」を継承した佐川幸義宗範は、これらの技法体系を全て組み込みつつも、入門レベルから皆伝レベルに至るまでの教授体系を独自に考案した。

一元から十元までの10段階に組まれた技法体系は、一元では一ヶ条の極め技を中心としながら、同時に手捌き、足捌きなど体作りの修練が含まれ、より充実した内容となっている。二元の段階では片手捕りから両手捕り、内手捕り、諸手捕りなどの合気を学び、三元以上の段階に進むと、次第に複雑かつ巧妙

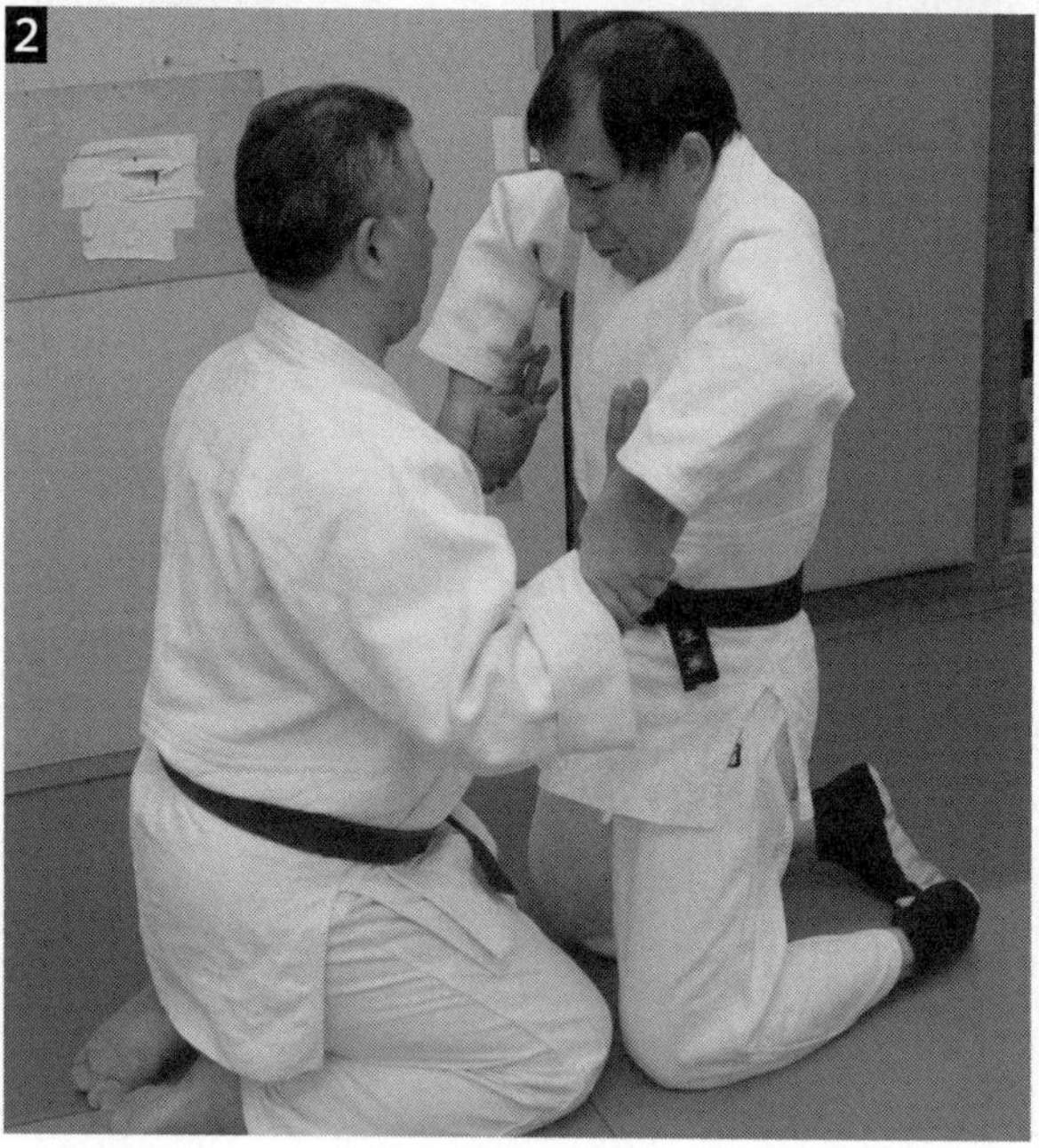

合気揚げは佐川伝大東流合気武術において初心では身体作りとしての鍛練を主として、肩・肘の余計な力を去って手首の内部感覚を養う上で、修業の全般を通じる極意的な修練法に位置づけられている。

なものになっていく。各段階ごとの基本的な極め技に入るための「合気之術」の教えがあり、これによって各教授段階の意図が理解出来るようになっている。

このような体系とともに、佐川伝大東流の大きな特徴となっているのが「合気揚《あ》げ」である。座捕りによる「両手首捕り合気揚げ」が最も基本的な形となり、この場合は相手が膝立ちになるような格好で真上に揚げ崩すというものである。「姿勢は常に真っ直ぐに」「真っ直ぐでなければ力は出ない」という佐川宗範の教えの通り、背筋を真っ直ぐに立てた姿勢を極力崩さない中で揚げ崩しを行い、これによって手の内の感覚を養成し、合気に適《かな》った素直な力の出し方を習得する。ただし、初学の段階ではどうしても力任せになってしまいやすいものでもあるため、意図をよく理解して丁寧に稽古しなければ台無しになってしまうという危険性も孕《はら》んでいる。だがここさえクリアすれば、身を以て合気を理解するための第一歩として、非常に優れた稽古法である。

また従来の大東流では、両手捕りの合気揚げ、合気投げなどを除けば、逆極め技や逆投げを行う場合、まず当身《あてみ》が用いられ、合気による崩しは〝後回し〟となっていた。しかし技の導入部で当身を用いると、本来の大東流が持つ独自性が薄れてしまうばかりでなく、技が〝当ててから極める〟という二つの段階を踏まなければならないため、相手に逃げる隙や反撃の機会を与えてしまいかねない。

そこで、佐川宗範は技の導入に当身を用いず、相手と接触した瞬間に合気をかけることを重視し、相手を完全に崩してから制圧技に移行するという形に改めることで、相手に反撃の機会を与えず、また合気を主体とした大東流独自の戦術を際立たせることに成功した。

剣を根本とした未曾有の武器法体系

「大東流は天才だった武田先生が創ったんだよ」

生前、佐川幸義宗範は大東流の由来についてこう語った。諸国を巡回して大東流の教授を始める以前

触れたところからの合気崩し

1

2

3

4

武田惣角によって「合気」という未曾有の技術を伝承した大東流だが、多くの逆極め技や投げ技への展開では、当身による崩しが用いられる場合が少なくなかった。これを佐川幸義宗範は、その生涯をかけて「接触した瞬間に合気をもって相手を制御する」創意工夫を繰り返された。例えば、正面打ちに対して、これを弾き受けることなく、あたかもフワリと柔らかく包み込むかのごとくその勢いを無力化し、なお、こちらの「力」が相手の芯を通って根こそぎ倒してしまう、このような接触の妙には佐川宗範が「透明な力」＝「合気の集中力」と呼んだ、相手に浸透する合気の用い方をみることができる。この時の「フワリとした感覚」は佐川宗範が晩年に完成された「体の合気」の感触にも通じるものであり、強靭にして柔らかい手首感覚と共に、その原動力としての体幹、あるいは下肢の強靭さ、適切な位置取りを促す足捌き、体捌きといったものが、より重要性を高めると考えられる。

そこで高橋師範が着目しているのが、佐川宗範が編んだ膨大な武器法の数々であった。

の武田惣角は、渋谷東馬より学んだ小野派一刀流を始め、諸流の剣術を修行した剣術家だった。どのような経緯で大東流という類い稀な武術体系を創出したのかは詳らかにされていないが、いずれにしても、大東流の根底に剣術の理合いが存在しているということは想像に難くない。

防具を担いで武者修行を行い、複数の流派を修行した武田惣角の剣術は、特定の流派には留まらず、やがて独自の工夫による合気剣術として結実した。

佐川宗範は、この合気剣術と合気柔術の原理を基礎として、これに惣角から伝授された合気諸芸の極意を加え、さらに佐川宗範が独自に研究した諸流の剣術、槍術、棒術などを踏まえて、武器対武器法（合気二刀剣術、合気棒術、合気槍術）、無手による対武器法（短刀取、無刀取、棒取、槍取）、そして合気拳法の体系を完成させた。

佐川宗範によって体系化された合気剣術は、まず27本の剣術基本から始まる。これは相手が剣で打ち込んでくるのに対する、切落《きりおとし》防御、摺上《すりあげ》防御、切抑《きりおさ》え防御、冠受《かぶりうけ》防御などの防御技を主体とした構成になっている。防御技そのものは、一般的な剣道の技法とほぼ同一のものである。

佐川宗範は、これらの剣術基本を〝合気剣術基本〟とは呼ばず、あくまで〝剣術基本〟と呼んでいた。しかしこれらの中には、相手の攻撃の軸線を躱す体捌きや、切抑え防御に見られる、相手の反応を巧みに利用した制圧法など、合気習得に必要不可欠な要素が組み込まれている。防御技によって「剣の用」を、体捌きによって「剣の体」を学ぶのである。

防御技は、相手の剣のみならず、相手の体そのものを捌くことを理想としている。そのための剣捌きであり体捌きなのである。これは大東流に限ったことではない。しかし、これを実現するには、相当な技量が要求される。普通は相手の剣を外すのみで、なかなか相手の体を崩すまでには至らないものである。しかし佐川宗範がこれを行うと、相手の打ち込みを切り落せば、打ち込んでくる剣勢を殺ぐばかりでなく、相手は剣を取り落とし、摺り上げれば、相

剣術基本「防御技四態」

佐川宗範は大東流の合気を活かし、合気二刀剣術、合気棒術、合気槍術といった膨大な武器法を体系立てたが、その根本ともいえるのが合気剣術である。多くの武器法がかなり高位の段階で学ばれるのに対して、剣術は二元の講習においてすでにその基本修法が修められる体系となっていた。そこでまず学ばれるのが、切落防御（打ち来る相手の剣を切り落とす）、摺上防御（打ち来る相手の剣を摺り上げる）、切抑え防御（打ち来る相手の剣を切り抑える）、冠受防御（打ち来る相手の剣を頭上にかぶるように受け流す）に代表される各種の防御技である。一見、剣道の防御技と大差ないように思われるが、佐川門「剣術基本」は必ず左右の変更が組み込まれている。

「防御」と銘打ち、実際、初期段階では文字通り受け技として修練されるこれらの技だが、合気剣術の最大の特徴となる「相手の剣とその体勢を同時に崩す」を主眼とすることで、剣術の素早い攻防の中、一瞬で最良の位置取りをする足捌き、体捌きと共に、剣先を通して相手を微妙にコントロールする精妙な手の内の養成を行うことができる。その意味で、切り結ぶと同時に、つながりを継続して相手を抑え、そこに反発する相手の反応を導き出す「切抑え防御」は、特に「合気の集中力」へつながる重要な技法と考えられる。

切落防御

冠受防御

切抑え防御

摺上防御

手は体ごと浮き崩されて爪先立ちになり、切り抑えれば完全に居着いて身動き出来なくなってしまう。しかも相手は決して素人に毛が生えた程度の者ではない。剣道五段、六段の猛者が、佐川宗範の手にかかると為す術もなく翻弄されたという。

合気の実際の作用は、一つは相手の体を崩して無力化してしまう積極的な防御、もう一つは攻撃の際の〝集中力〟であり、これを用いた剣術が、即ち合気剣術である。剣術基本は剣術のための基本ではあるが、佐川宗範のように合気を習得した者が遣えば、忽ち極意の剣となるのである。

剣の理合が活かされた合気拳法

剣術を始めとする各種の武器術とともに、佐川伝大東流の特徴となっているのが合気拳法である。

武田惣角が伝えた大東流においても当身は多用された。惣角が用いた当身は、拳、手刀、肘など様々だが、突き技においては、主に手の甲を下に向けた突き、あるいは縦拳が用いられる。これらはいずれも古流柔術特有のものである。

佐川宗範はこれに加えて空手やボクシングなども研究し、独自の合気拳法を創出した。そのため、上段への打突などには、従来の大東流や他の古流武術には見られない横拳による打突が用いられる。

また、惣角が多用したという当身と佐川宗範の合気拳法とでは、その位置づけが異なっている。

惣角の当身は、主に相手を崩し、そこから逆極め技や逆投げ技などに移行するという、技の導入部分に位置するものだった。あくまで柔術の一部であり、突き蹴りを主体とするものではない。

これに対して、合気による崩しを主体とするために、柔術における技の導入のための当身を敢えて排した佐川宗範による合気拳法は、打突を主体とし、合気による崩しから合気の集中力を以て打ち込む極め技として、突き蹴りが用いられる。

佐川宗範は、大東流の研究を本格的に始めた10代の頃から、従来の大東流には完備されていなかった、

合気拳法「防身上段」への斬落&両受落

佐川宗範がまとめた技術体系で今ひとつ特徴的なのが合気拳法の体系だ。崩しを合気之術に特化した佐川宗範は、逆に一瞬の合気の崩しから合気の集中力を用いて打撃を極める合気拳法を完成させた。これも剣の攻防の中でさえ、相手に瞬間的に浸透させることができる合気の集中力への実感があって、はじめて成されたことではないか。ここでは上段突きに対する斬落防御からと、両腕を交差する両受落による斬抑え防御からの直突きの二例を挙げてみた。いずれも剣術基本にみる防御技の応用だが、特に両受落はのちにみる合気二刀剣術の理合そのものが活かされている。

突き技、蹴り技を主体とした拳法の必要性を感じていたという。日本が急激に世界へと進出した動乱の大正年間に、血気盛んな青春期を過ごした佐川宗範は、数多くの〝実戦〟を体験し、その中で、特に多人数を相手にしたときの突き技、蹴り技の重要性を身を以て実感し、これがきっかけとなって、合気拳法の研究が始まったという。

合気拳法は、相手の突き蹴りを防御しつつ、瞬時に相手の体勢を崩してしまう防御技と、独自の突き蹴りによる攻撃技とで構成されている。防御技と攻撃技から成るという構造は、基本的には剣術と同様のものである。当然、防御技は相手の攻撃を単純に受け止めるのではなく、接触と同時に相手の力をずらして無力化してしまうものである。剣術と同様に、単に相手の拳脚を捌くのではなく、相手の体そのものを崩してしまうことを本旨とする。

攻撃技は、合気による爆発的な集中力を用いるというのが、佐川伝の特徴である。実際に佐川宗範の合気拳法の受けを取ったことがある高橋師範によると、特に拳を構えるわけではなく、両手を垂らした自然体で立っている佐川宗範に拳で突きかかっていったところ、高橋師範の拳よりも速く、瞬時に高橋師範の顔を捉えていたという。

しかも寸止めでありながら、佐川宗範の拳から眼前で小さな爆発が起こったかのような衝撃を受け、拳が直接当たっていないにもかかわらず、上体がのけ反ってしまう。まるで佐川宗範の拳が倍の大きさにふくれ上がって、眼前に迫ってくるようだったという。

こういった爆発的なパワーは、拳法のみならず、剣で突けば剣風を生じ、棒や槍もまた、唸りを上げて繰り出される。

剣、棒、槍などの武器による攻撃技は、基本的に武器を相手に打ち当て、突き込むという動作で技が成り立っている。つまり、拳法は柔術よりも、むしろ武器術に近い性質をもった武術であると言えるだろう。とくに二刀之術などは、刀を手に合気拳法を行っているようにすら見える。また、佐川宗範自身

体捌当技にみる瞬間的な接触からの合気

その晩年には秘伝的扱いとなったといわれる「体捌当技」の体系は、敵の種々の攻撃に対して体捌きと手捌きをもって防御しつつ当身を入れる技法群。拳法と違って打撃の攻防だけに留まらないが、体捌きと合気の融合によって相手を積極的に崩す点で、最も実戦に即した合気の展開を示唆するものとも思われる。右はその「両手捕」だが、前半で合気揚げから合気をもって両手を絡め取る技法が使われている。

上の写真は佐川宗範による「両手捕合気投げ」の一例だが、体捌当技「両手捕」前半と同じ技法であることがわかる。体捌当技では当然、体の捌きが重要な要素となるが、佐川宗範はすでにその捌きは表面に表れてはいない。しかし、ユッタリとしながらもしっかりと地に根ざすような立ち姿で、全身が一体となって連動する雰囲気は「合気の集中力」の源泉がいかなるところに起因しているか、を推し量るにあまりあるのではないだろうか。

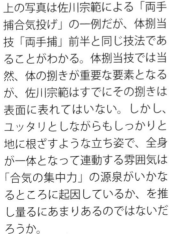

正面打ちに対する、前進しての防身合気受けからの上段直突きをなす体捌当技。

対打撃技となるこの技法は、合気拳法の基本そのものとも言える。これは「受けて、返す」のではなく、「受け崩すと同時の打突」という「一つ」の動作をするものであることが重要。そのためにも「体捌き」は必要となってくる。

は空手やボクシングなど突き蹴りに特化した技術を研究しているが、こと打撃に関しては、剣術を始めとする武器術に根ざした感覚で行われていると考えられる。そういった意味で、佐川伝の合気拳法を理解するためには、まず武器術を知る必要があるのだろう。

相手に手首を掴まれる、あるいは相手の手首を掴むといった、継続的な接触の状態から技の稽古が始まることが、大東流の一つの特徴である。しかし、こういった稽古を通して得た合気の精度をさらに高め、より有効な技術へと昇華させるためには、瞬間的な接触から合気をかけることが要求される合気拳法や、道具を通じて相手と接触する各種の武器術による修練が、重要な意味を持っているのである。

唯一の合気の型「合気甲源一刀流」

佐川伝大東流の、もう一つの大きな特徴は、合気剣術の別伝となっている「甲源一刀流」である。これは佐川宗範が幼時より修行していた甲源一刀流剣術の型《かた》に合気剣術の技法を組み入れた、〝合気甲源一刀流〟と称するべきものである。特筆すべきは、これが合気剣術の〝型〟だということである。本来、武田惣角の合気武術は〝技はあるが型はない〟というのが一つの特徴となっている。

技というのは、その場の状況に合わせて結果的に現出するものであり、本来決まった形はない。大東流には膨大な数の技が存在するが、これらは一本の太い幹から伸びた枝葉（応用技法）であり、幹となる術さえ会得すれば無数に生み出すことが出来る。

一方、型はその流派の理合を形に表わしたもので、型の手順に沿って動くことで疑似体験的に理合を体現し、これを手掛かりにして学んでいく、辞書や教科書のような存在である。また、型は複数の技法で構成されているため、一つの技から次の技への連携と応用変化を学ぶことが出来る。こういった感覚は、ともすれば単発で終わってしまう技の稽古から学ぶことは難しい。佐川宗範が作った唯一の型である〝合

合気二刀剣術にみる「合気封刀」

大東流における二刀剣術は武田惣角にして「二本でトントンと叩くのは芸者の太鼓。二刀一緒に打ち込むのが本当の二刀術」と語る攻防一体の技法だったが、佐川宗範はさらに一刀で相手を封じ崩すと同時に、もう一刀を極め技とする合気二刀剣術を完成させた。片手の剣を通じて合気を効かせつつ、一方で合気の集中力を用いた打撃を入れるのは、先に見た合気拳法の諸技に通じる。左は先の合気拳法「防身両受落」に通じる交差（十字）受けからの二刀剣だが、あくまで二刀剣術の基本は「二刀同時」から修練されることは留意点だ。それは体捌き無くして、為し得ない技法である。

気〟甲源一刀流は、佐川宗範の修業の成果が込められた画期的な型だと言えるだろう。

高橋賢師範は言う。

「武田惣角先師の大東流は、武田先師の修業歴から考えれば、最初に修業した一刀流系の撃剣剣道試合の影響が、大東流合気柔術の稽古方法に多大な影響を与えたと思われます。

佐川幸義先生の大東流武道は、幼時に武田先師から剣道を学ばれて、成人後、正式に大東流合気柔術を学ばれた経緯からして、同様に、その大東流合気柔術及び合気武道全般の体系化には、〝剣術〟が多大な影響を与えたと思われます。

合気剣術の基礎の上に、甲源一刀流剣術、大東流合気棒術、大東流合気槍術の武器術や、合気拳法が成立したと考えられるのです。この点から、佐川伝大東流の修業には、合気柔術と共に、合気剣術の修業が欠かせぬものと考えられます。

それらの、佐川先生の合気の到達不可能な高嶺を遙かに遠望しながら、柔術と共に剣術の基礎からの

合気の型としての「合気甲源一刀流剣術」

大東流は本来、古流における所謂「型」を持たない。その良し悪しはさておき、佐川宗範は「合気之術」を伝える唯一の「型」として、自らが学んだ甲源一刀流剣術の体系を再編成した、それが「合気甲源一刀流」の体系だ。特徴的なのは従来の同流の技法よりも大きな体捌きをともない、剣を使って相手の中心を抑える技法が多く見られる点。第一本目の「妙剣」は勢眼（青眼）に構えられた剣を斬り落としつつ、相手の咽喉へ一直線に突きを入れる。また、「反右足」でも摺り上げた相手の剣に粘るようにしながら、そのまま剣ごと相手の腰を摺り抑えて動きを封じた後に、両手首を斬る所作へと続く。また技法としては、抑え崩したところから、相手の喉輪を抑えたり、体を変更することで投げると同時に、相手の剣を奪う応用変化技などへも展開することができる。

合気甲源一刀流剣術　五天「妙剣」

1

2

3

合気甲源一刀流剣術　残心組「反右足」

※現在、秩父に伝わる甲源一刀流、逸見宗家伝では「反右足」は刃切合組に位置するが、佐川宗範の学んだ北海道の富田喜三郎師範伝では残心組に位置している。

稽古を、門人と共にしている現在です」

天才肌の武田惣角によって創始され、流派としては未整理な部分を残したまま伝承が始まった大東流は、佐川宗範ら二代目の伝承者によって漸《ようや》く教授方法が整えられた、未だ若々しい流派だと言えるだろう。この〝日本武術が生み出した最終的な昇華〟とも言われる武術体系の本格的な伝承は、まだ始まったばかりなのである。

高橋 賢（たかはしまさる）
昭和22年（1947）生まれ。早稲田大学卒。学生時代より古流武術研究を続け、昭和47年、佐川幸義宗範に入門。武術論文に「日本柔術拳法史初探」、「柔術当身殺活術」「大東流合気武術史初考」等、多数がある。現在、相模原市で後進の指導にあたる。鍼灸師。
著書『中国秘伝の健康法　気功法』（新星出版社）。など。

装幀：谷中英之
本文デザイン：中島啓子

佐川幸義伝 大東流合気剣術

2024年4月30日　初版第1刷発行

著　　者　高橋賢
発 行 者　東口敏郎
発 行 所　株式会社ＢＡＢジャパン
〒151-0073 東京都渋谷区笹塚1-30-11　４・５Ｆ
TEL　03-3469-0135　　FAX　03-3469-0162
URL　http://www.bab.co.jp/
E-mail　shop@bab.co.jp
郵便振替 00140-7-116767
印刷・製本　中央精版印刷株式会社

ISBN978-4-8142-0574-5　C2075

様々な角度から合気を学ぶ！オススメ書籍

高次元空間の物理が教える究極の武術原理

書籍　完全解明! 合気の起源

地球上で唯一、人間だけが二足直立できるのは、3 次元を超える高次元にその本質があるからだった。相手を高次元から遮断すれば簡単に転がせ、相手と高次元で融合すれば対立関係がなくなる！相手が木偶の坊のように倒れる、実演写真も多数！世界的に有名な理論物理学者が、武術の神秘「合気」を遂に解明！

●保江邦夫 著　●四六判　● 232 頁　●本体 1,500 円＋税

“ちょっとした事 ”で誰でもできる

書籍　合気のコツ

楽しいくらいすぐできる！老若男女が楽しめる !! 力に頼らず、どんな大きな相手でも一瞬で投げてしまう達人技“ 合気 ”。修得に何年もかかると思われている奥義が、同時に“ 誰でもできる ”という性質も持っていたというこの不思議！達人への一歩を確実に踏み出せる達人技法メソッド誕生 !!

●湯沢吉二 著　●四六判　● 176 頁　●本体 1,500 円＋税

相手の力を技にする！筋力を超えた武術革命

書籍　“ 合気投げ ” 全伝

掴んだ側が不利！大東流がもたらした革命的技法の全貌 !! 武田惣角～武田時宗伝　“ 合気投げ ” とは何か？掴んできた相手のその手、力を利用する。ゆえに…“ 無敵 ”。日本刀のように斬れる技！“ 一瞬に決める ” 達人技ここにあり！

●石橋義久 著　● A5 判　● 264 頁　●本体 1,600 円＋税

できる！使える！「神技」を生み、「錬体」を作る

書籍　合気上げ

あらゆる武術と身体技法に通じる最終原理！合気上げとは、相手に手首を強く掴まれても、その手を楽に上げ、相手の重心を浮かせる不思議な技法。あとは投げ飛ばすも、固めるも自由自在となる！「筋肉の伸び (伸張力)」を使う動作、相手の力とぶつからない「円の動き」など、ポイントをわかりやすく解説！

●有満庄司 著　● A5 判　● 180 頁　●本体 1,600 円＋税

佐川幸義宗範の “ 神技 ” に触れた二人が交わす！

書籍　「合気問答」

日本武術の深奥 “ 合気 ” への確かなる道標! 合気に至る極意論＋技術解説。一つの境地に向かって、対照的な個性で各々にアプローチしてきた塩坂洋一、保江邦夫両者の “ 化学反応 ” から真理が解き明かされる！

●塩坂洋一、保江邦夫 著
● A5 判　● 280 頁　●本体 1,600 円＋税

様々な角度から合気を学ぶ！オススメ DVD

日本伝合気柔術 岡本眞師範の指導集

DVD　合気のなぜ？

約束稽古の反復で、動きや技を自得していくことが主流の、合気道・大東流合気柔術の練習。日々感じる疑問や技のコツは、中々聞きにくいもの。そこで様々な「あるある」の疑問への答えを、大東流・岡本眞師範が丁寧に解答・解説。流派・門派を超えた「合気の術」の本質を具体的に学べるDVDです。

●指導・監修：岡本眞　● 43 分　●本体 5,000 円＋税

植芝盛平、塩田剛三、佐川幸義が使っていた " 奥の手 " を学ぶ

DVD　保江邦夫が説く 最新の「合気術」

マネキンや銅像は押せば " 倒れる "。一方人間は押したくらいでは " 倒れない "。これは何故なのか？物理学者・保江邦夫先生の、最新の形而上学的武術奥義論をDVDに丁寧に収録。柳生新陰流、植芝盛平、塩田剛三、佐川幸義が使っていた " 奥の手 " の作法（実技）など、他では聞けない形而上学的武術指導が満載！

●指導・監修：保江邦夫　● 55 分　●本体 5,000 円＋税

地球とつながることで 対立をなくす古武術の妙技

DVD　大東流合気柔術 扶桑会 柔の力の完成

ぶつかりのない惟神之武道。合気道の源流として人気の古武道、大東流のコツがよく分かる注目のDVD!「習いたい」「わかりやすい」「なんか面白そう」（公式動画チャンネルのコメントより）代表・石塚嘉先生が「自然の法則に身体を合致させた動き」をテーマに気づきに満ちた大東流のコツを簡潔に解説。

●指導・監修：石塚嘉　● 45 分　●本体 5,000 円＋税

大東流 天野正之師範

DVD　合気の仕掛け

合気の仕組みが、よく分かる！このDVDでは天野師範が二大武道家の元で掴み取った、合気の仕掛け方（合気の入れ方＝重心操作）を丁寧に収録。・合気とは何か？・合気の掛かる仕組みとは？・合気の掛け方とは？ 以上の三つにスッキリと的を絞り、誰でも合気を習得できるように整理された指導内容。

●指導・監修：天野正之　● 45 分　●本体 5,000 円＋税

技を効かせる " 絶対条件 " を学ぶ！

DVD「武術合気」の原理

武田惣角がその前半に費やしたと言われる剣術修行。厳しい鍛錬で培われた術理を体術へと昇華させ大東流は誕生した。大東流合気武道の大きな要素の一つとも言える小野派一刀流の形と稽古法を学び、体術稽古だけでは決して修得できない技術を、80 歳を過ぎてもなお驚異的な技を繰り出す石橋師範が詳細に解説。

●指導・監修：石橋義久　● 50 分　●本体 5,000 円＋税

武道・武術の秘伝に迫る本物を求める入門者、稽古者、研究者のための専門誌

月刊 秘伝

毎月 14 日発売

- A4 変形判
- 定価：本体 909 円＋税

古の時代より伝わる「身体の叡智」を今に伝える、最古で最新の武道・武術専門誌。柔術、剣術、居合、武器術をはじめ、合気武道、剣道、柔道、空手などの現代武道、さらには世界の古武術から護身術、療術にいたるまで、多彩な身体技法と身体情報を網羅。

月刊『秘伝』オフィシャルサイト

古今東西の武道・武術・身体術理を追求する方のための総合情報サイト

WEB 秘伝

http://webhiden.jp

秘伝　検索

武道・武術を始めたい方、上達したい方、そのための情報を知りたい方、健康になりたい、そして強くなりたい方など、身体文化を愛されるすべての方々の様々な要求に応えるコンテンツを随時更新していきます !!

秘伝トピックス

WEB 秘伝オリジナル記事、写真や動画も交えて武道武術をさらに探求するコーナー。

フォトギャラリー

月刊『秘伝』取材時に撮影した達人の瞬間を写真・動画で公開！

達人・名人・秘伝の師範たち

月刊『秘伝』を彩る達人・名人・秘伝の師範たちのプロフィールを紹介するコーナー。

秘伝アーカイブ

月刊『秘伝』バックナンバーの貴重な記事が WEB で復活。編集部おすすめ記事満載。

情報募集中！ カンタン登録！

道場ガイド

全国 700 以上の道場から、地域別、カテゴリー別、団体別に検索 !!

情報募集中！ カンタン登録！

行事ガイド

全国津々浦々で開催されている演武会や大会、イベント、セミナー情報を紹介。

月刊「秘伝」をはじめ、関連書籍・DVDの詳細もWEB秘伝ホームページよりご覧いただけます。商品のご注文も通販にて受付中!